ま　え　が　き

　平成元年に我が国に初めて導入された消費税は、その後、５％、８％と二度の税率改定を経て、令和元年10月１日には三度目の税率改定とともに、飲食料品と新聞を対象とした軽減税率制度が導入され、複数税率となりました。

　同時に、その仕入税額控除の要件として、区分記載請求書等保存方式が導入され、令和５年９月30日まで適用されます。

　令和５年10月１日からは、いよいよ適格請求書等保存方式（インボイス制度）が導入され、インボイスを保存することが複数税率制度下における仕入税額控除の要件とされることになります。

　ただその一方で、インボイス制度導入への影響をできる限り緩和するため、令和５年度の税制改正で、免税事業者がインボイス発行事業者となった場合の消費税額の計算特例（いわゆる２割特例）や、課税売上高１億円以下の小規模事業者向けに少額課税仕入れのインボイス保存義務免除の措置が経過的に採り入れられたり、さらには少額な返還インボイスの交付義務免除やインボイス発行事業者の登録制度の見直しまで用意されました。

　ただでさえ、インボイス制度導入の初年度は、消費税申告において区分記載請求書等保存方式との混合になるため、実務の点では複雑になるところへもってきて、急ごしらえのこれら税制改正が行われたことにより、情報の整理が必須となります。本書は、前作『消費税の軽減税率と設例による申告書の書き方』をベースに、区分記載請求書等保存方式とインボイス制度の混合による申告実務を丁寧に解き、最新の改正情報を整理、加筆して、改題発刊したものです。

　消費税の申告実務に携わっておられる皆さんに、インボイス制度について改めてくわしく解説するとともに、消費税の経理方式や消費税の計算方式別に数多くの設

例を用意して消費税及び地方消費税の納付税額の計算過程及び申告書と付表の書き方を丁寧に説明することで、本書が、企業の経理担当者をはじめ職業会計人の皆さん方の実務のよきパートナーとしてお役に立てば幸いです。

　　令和5年6月

　　　　　　　　　　　　　　　　　　　　税理士　馬　場　文　明

目　次

第1編　消費税の軽減税率制度、インボイス制度と経理処理

第1章　消費税の軽減税率制度‥‥‥‥‥‥‥‥‥‥‥‥‥‥‥‥‥‥‥‥　3

　第1節　消費税の軽減税率制度の概要‥‥‥‥‥‥‥‥‥‥‥‥‥‥‥‥　3

　第2節　軽減税率の対象範囲‥‥‥‥‥‥‥‥‥‥‥‥‥‥‥‥‥‥‥　3

第2章　令和5年9月末までの区分記載請求書等保存方式‥‥‥‥‥‥‥‥ 19

　第1節　区分記載請求書等保存方式の概要‥‥‥‥‥‥‥‥‥‥‥‥‥ 19

　第2節　帳簿及び区分記載請求書等の記載における留意点‥‥‥‥‥‥ 21

　第3節　中小事業者の税額計算の特例‥‥‥‥‥‥‥‥‥‥‥‥‥‥‥ 25

第3章　令和5年10月1日からの適格請求書等保存方式‥‥‥‥‥‥‥‥‥ 39

　第1節　適格請求書等保存方式（インボイス方式）の概要‥‥‥‥‥‥ 39

　第2節　適格請求書発行事業者の登録制度‥‥‥‥‥‥‥‥‥‥‥‥‥ 40

　第3節　適格請求書発行事業者の義務等（売手側の留意点）‥‥‥‥‥ 45

　第4節　仕入税額控除の要件（買手側の留意点）‥‥‥‥‥‥‥‥‥‥ 58

第4章　適格請求書等保存方式（インボイス方式）における税額計算‥‥‥ 71

第5章　消費税等の経理処理‥‥‥‥‥‥‥‥‥‥‥‥‥‥‥‥‥‥‥‥‥ 81

　第1節　消費税等の経理処理‥‥‥‥‥‥‥‥‥‥‥‥‥‥‥‥‥‥‥ 81

　第2節　消費税等の経理処理に関する法人税の取扱い‥‥‥‥‥‥‥‥ 82

　第3節　控除対象外消費税額等の処理等‥‥‥‥‥‥‥‥‥‥‥‥‥‥ 84

第6章　電子インボイスについて‥‥‥‥‥‥‥‥‥‥‥‥‥‥‥‥‥‥‥ 91

第2編　設例による消費税等の確定申告書の書き方

設例1　‥‥‥‥‥‥‥‥‥‥‥‥‥‥‥‥‥‥‥‥‥‥‥‥‥‥‥‥‥104

　業種：食品製造業と食堂経営

　消費税等について税込経理で簡易課税方式を選択

　軽減税率適用の売上げあり

　売上税額は割戻し計算による

設例2　‥‥‥‥‥‥‥‥‥‥‥‥‥‥‥‥‥‥‥‥‥‥‥‥‥‥‥‥‥118

　業種：商社（免税売上げあり）

　消費税等について税抜経理で原則課税方式（課税売上高は5億円以

　下で課税売上割合が95％以上なので仕入税額は全額控除）

　売上税額、仕入税額とも割戻し計算による

設例3	 130

業種：住宅建築・土地売買業

消費税等について税抜経理で原則課税方式（課税売上割合が
80％未満・一括比例配分方式を適用）

売上税額、仕入税額とも割戻し計算による

適格請求書発行事業者以外の者からの課税仕入れについて経過措置
（80％控除）の適用あり

設例4	 144

業種：住宅建築・土地売買業

消費税等について税抜経理で原則課税方式（課税売上割合が
80％未満・個別対応方式を適用）

売上税額は割戻し計算、仕入税額は帳簿積上げ計算による

適格請求書発行事業者以外の者からの課税仕入れについて経過措置
（80％控除）の適用あり

設例5	 156

業種：日用雑貨品及び飲食料品の小売業

消費税等について税込経理で原則課税方式（課税売上高は5億円以
下で課税売上割合が95％以上なので仕入税額は全額控除）

令和5年9月30日までは小売等軽減仕入割合の特例を適用して課
税売上高を計算

売上税額、仕入税額とも割戻し計算による

適格請求書発行事業者以外の者からの課税仕入れについて経過措置
（80％控除）の適用あり

設例6	 170

業種：テナントビル賃貸とアパート経営

消費税等について税込経理

売上税額は割戻し計算による

免税事業者が適格請求書発行事業者となった場合の2割特例を適用

（注）本書は、令和5年5月1日現在の法令等の内容によっています。

第1編

消費税の軽減税率制度、インボイス制度と経理処理

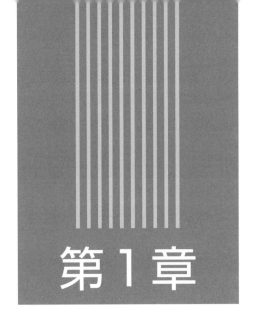

第1章

消費税の軽減税率制度

第1章 | 消費税の軽減税率制度

1 消費税の軽減税率制度の概要

　現在の我が国の消費税は10％と８％の二段階税率です。第１章では、消費税の軽減税率制度について、制度の概要を説明しておきましょう。

　軽減税率制度が実施されていることで、課税事業者は、売上げや仕入れや経費の支払、資産の購入を税率ごとに区分して経理しなければなりません。また、複数税率に対応した請求書を取引先に交付したり、その控えを保存しておく必要があります。飲食料品などの軽減税率の対象となる品物を販売する事業者はもちろん、軽減税率の対象となる品物を販売しない事業者であっても、新聞を定期購読したり、飲食料品を購入する場合には、この区分経理と書類の保存が必要です。

　消費税及び地方消費税（以下「消費税等」といいます。）の基本税率は、10％（消費税7.8％＋地方消費税2.2％）です。

　その一方で、酒類と外食を除く飲食料品と、定期購読契約が締結された週２回以上発行される新聞を対象とした税率は軽減税率で８％（消費税6.24％＋地方消費税1.76％）とされています。

　消費税等の複数税率の内訳は、次表のとおりです。

区分	軽減税率	標準税率
消費税率	6.24%	7.8%
地方消費税の税率	1.76%（消費税額の$\frac{22}{78}$）	2.2%（消費税額の$\frac{22}{78}$）
合計税率	8.0%	10.0%

2 軽減税率の対象範囲

　消費税の軽減税率の対象となるのは、飲食料品と新聞です。ここでは、飲食料品と新聞の範囲について念のため詳しく説明します。

❶ 飲食料品の範囲等

（1）　飲食料品の範囲等

　軽減税率の対象品目である「飲食料品」とは、食品表示法に規定する食品（酒税法に規

3

定する酒類を除きます。以下「食品」といいます。）をいいます。食品と食品以外の資産があらかじめ一の資産を形成し、又は構成しているもの（その一の資産に係る価格のみが提示されているものに限ります。以下「一体資産」といいます。）のうち、一定の要件を満たすものも食品に含まれます。

この「食品」とは、人が食する全ての飲食物をいいます。「医薬品、医療機器等の品質、有効性及び安全性の確保等に関する法律」に規定する「医薬品」や「医薬部外品」、「再生医療等製品」は食品から除かれますが、食品衛生法に規定する「添加物」は食品に含まれます。

なお、ここでいう「飲食物」とは、人の飲用又は食用に供されるものをいいますから、軽減税率の対象となる「飲食料品」とは、人の飲用又は食用に供される、

① 米穀や野菜、果実などの農産物、食肉や生乳、食用鳥卵などの畜産物、魚類や貝類、海藻類などの水産物

② めん類・パン類、菓子類、調味料、飲料等、その他製造又は加工された食品

③ 添加物（食品衛生法に規定するもの）

④ 一体資産のうち、一定の要件を満たすもの

をいい、酒税法に規定する酒類、医薬品、医薬部外品、再生医療等製品やペットフードは含まれません。

　軽減税率が適用されるか標準税率が適用されるかは、事業者が課税資産を譲渡等する時、すなわち、飲食料品を提供する時点（取引を行う時点）で事業者が判定します。
　したがって、飲食料品を販売する事業者が、人の飲用又は食用に供されるものとして譲渡した場合には、仮に顧客がそれ以外の目的で購入し、又はそれ以外の目的で使用した場合であっても、その取引は「飲食料品の譲渡」に該当し、軽減税率の対象となります。
（例）・事業者が食用として販売した重曹を購入者が清掃用に使ったとしても、販売時の税率は軽減税率を適用します。
　　　・事業者が清掃用として販売した重曹を購入者が食用に使ったとしても、販売時の税率は標準税率を適用します。

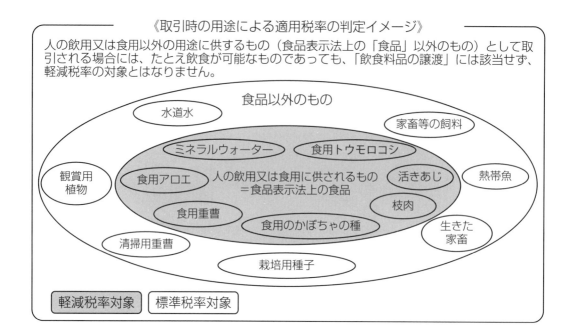

(2) 「酒類」、「医薬品・医薬部外品等」とは

　酒税法に規定する「酒類」は、軽減税率の対象となる「食品」から除かれます。このため、飲食料品の製造業者に原材料として「酒類」を販売する場合であっても、軽減税率の対象とはなりません。

　なお、日本酒を製造するための原材料の米は、コメであって、まだ「酒類」にはなっていませんので、「食品」からは除かれず、同時に人の飲用又は食用に供されるものであることから、原料米の販売は軽減税率の対象となります。

　一方、「医薬品、医療機器等の品質、有効性及び安全性の確保等に関する法律」に規定する「医薬品」、「医薬部外品」及び「再生医療等製品」は、食品表示法上は「食品」から除かれていますので、これらを販売しても、軽減税率の対象とはなりません。

　いわゆる栄養ドリンクのうち、「医薬品」や「医薬部外品」に該当するものを販売しても、軽減税率の対象とはなりませんが、「医薬品」や「医薬部外品」に該当しない「清涼飲料水」などの栄養ドリンクは、「食品」に該当しますので、軽減税率の対象となります。

〈ポイント〉
○　「飲食料品」とは、人の飲用又は食用に供されるものである。
○　軽減税率が適用される取引か標準税率が適用される取引かは、その取引時点において、「食品」（人の飲用又は食用に供されるもの）として取引されたか否かにより判定する。
○　酒類、医薬品、医薬部外品、再生医療等製品は、「飲食料品」に含まれない。

第1章 消費税の軽減税率制度

(3) 飲食料品を販売する際に使用される包装材料等について

　飲食料品を販売する際に使用される包装材料や容器（以下「包装材料等」といいます。）が、その飲食料品を販売する際に付帯して通常必要なものとして使用されるものであるときは、その包装材料等も含めて軽減税率の対象となる「飲食料品の譲渡」に該当します。

　通常必要なものとして使用される包装材料等とは、その飲食料品の販売に付帯するものであり、通常、飲食料品が費消され又はその飲食料品と分離された場合に不要となるようなものをいいます。例えば、ジュースなどの容器である缶やペットボトル、精肉や魚などを販売するときの食品トレイ容器などは、包装材料等に該当します。

　包装材料等を販売する事業者が、飲料メーカーにアルミ缶やペットボトルを販売する場合や、スーパーに食品トレイ容器を販売する場合は、飲食料品ではなく容器そのものの販売ですから、「飲食料品の譲渡」には該当せず、軽減税率の対象とはなりません。

　贈答用に特別な包装をする場合など、別途包装材料等の対価が決められている場合のその包装材料等の譲渡は、「飲食料品の譲渡」には該当しません。

　また、例えば、陶磁器やガラス食器等のように中身を食べた後で、容器を食器や装飾品として利用できるものを包装材料等として使用し、食品とその容器をあらかじめ組み合わせてひとつの商品として価格を提示し販売しているものについては、その商品は「一体資産」に該当し、一定の要件を満たすものに限り軽減税率が適用されます。

〈ポイント〉

○　「飲食料品」の販売に通常必要なものとして使用される包装材料等は、その包装材料等も含めて「飲食料品の譲渡」に該当する。

○　別途対価が定められている場合の包装材料等の販売は、「飲食料品の譲渡」には該当しない。

---

(4) 飲食料品を輸入した場合について

　課税貨物を保税地域から引き取った場合に、それが「飲食料品」に該当する場合には、軽減税率が適用されます。課税貨物が「飲食料品」に該当するか否か（軽減税率の対象となるか否か）は、輸入の際に、人の飲用又は食用に供されるものとして輸入されたかどうかにより判定します。

7

❷ 一体資産とは

(1) 一体資産の意義

　一定の条件を満たす場合に軽減税率の適用対象となる「一体資産」とは、例えば、〇〇〇のオマケといった、おもちゃ付きのお菓子のように、次のイ及びロのいずれにも該当するものをいいます。

　　イ　食品と食品以外の資産があらかじめ一の資産を形成し、又は構成しているもので、
　　ロ　一の資産（つまり全体）の価格のみが提示されているもの

　「一体資産」の譲渡は、原則として軽減税率の対象にはなりませんが、次のいずれの要件も満たす場合には、飲食料品の譲渡として、一体資産の全体が軽減税率の対象となります。

　　①　一体資産の譲渡の対価の額（税抜価額）が１万円以下で、
　　②　一体資産の価額のうちに、その一体資産に含まれる食品に係る部分の価額の占める割合として合理的な方法により計算した割合が３分の２以上であること

(2) 一の資産の価格のみが提示されているものとは

　(1)のロのとおり、一体資産は一の資産の価格、つまり全体の価格のみが提示されているものに限られますので、例えば、それぞれの価格が区分できる次のような場合は、食品と食品以外の資産が一の資産を形成し、又は構成しているものであっても、「一体資産」には該当しません。

① 食品と食品以外の資産を組み合わせた詰め合わせ商品について、その詰め合わせ商品の価格とともに、これを構成する個々の商品の価格を内訳として提示している場合（注1）

② それぞれの商品の価格を提示して販売しているか否かにかかわらず、食品と食品以外の資産を、例えば「よりどり３品〇〇円」と提示し、顧客が自由に組み合わせることができるようにして販売している場合（注1、2）

（注１）　①、②で個々の商品の価格が明らかな場合には、個々の商品ごとに適用税率を判定します。
（注２）　②の場合に個々の商品の額が明らかでないときは、対価の額を合理的に区分します。
（注３）　なお、（注１）、（注２）の場合はともに、「一括譲渡」に該当します。

(3) 食品に係る部分の割合として合理的な方法により計算した割合とは

　(1)の②にいう「一体資産の価額のうちに、その一体資産に含まれる食品に係る部分の価

額の占める割合として合理的な方法により計算した割合」とは、事業者が販売する商品や販売実態等に応じ、例えば、次の割合を用いるなど、事業者が合理的に計算した割合であれば、その割合を用いて差し支えありません。
　①　一体資産の売価のうち、合理的に計算した食品の売価の占める割合
　②　一体資産の原価のうち、合理的に計算した食品の原価の占める割合

〈原価に占める割合による場合の計算例〉
紅茶とティーカップの一体資産
販売価格（税抜き）：1,000円
仕入価格（税込み）：紅茶450円、ティーカップ200円
　上記②に示した計算方法によって計算した結果、食品部分の割合が3分の2以上であるものに該当します。
　紅茶（食品）の原価450円 ÷ 一体資産の譲渡の原価650円 ≒ 一体資産の譲渡の原価のうち、食品の占める割合69.2% ≧ 3分の2（66.666…%）
　したがって、この商品の販売は、
　①　一体資産の譲渡の対価の額（税抜価額）が1万円以下（1,000円）で、
　②　食品部分の割合が3分の2以上（69.2%）
であることから、「飲食料品の譲渡」に該当し、軽減税率の対象となります。

(4)　合理的な割合が不明な場合（小売事業者等）には
　小売業や卸売業などを営む事業者が、一体資産に該当する商品を仕入れて販売する場合、販売する対価の額（税抜価額）が1万円以下であれば、その課税仕入れのときに仕入先が適用した税率をそのまま適用して差し支えありません。

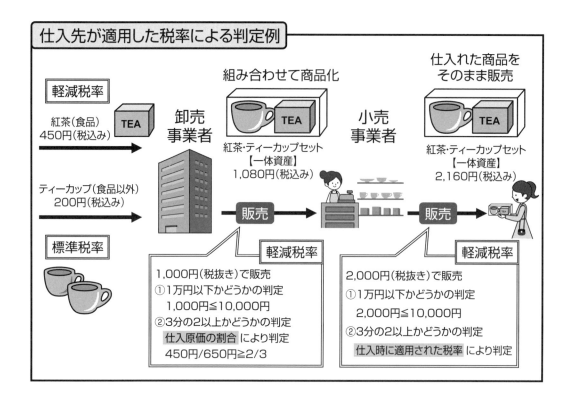

〈一括譲渡の際の値引きについて〉

　スーパーで肉や野菜などの食品とトイレットペーパーなどの日用品を同時に販売する場合などのように、食品と食品以外の商品を一括して販売（以下「一括譲渡」といいます。）する場合には、その商品が食品であれば軽減税率が適用され、食品以外のものであれば標準税率が適用されます。

　ところで、一括譲渡する場合に、対価の合計額から一括して値引きする場合（例えば、レジで顧客から500円の割引券の提示を受けて、値引きする場合など）には、値引額を合理的に区分して、適用税率ごとの値引後の対価の額を算出する必要があります。

　なお、一括譲渡の際に顧客に交付するレジペーパーなどの領収書等に、どの商品から値引きされているかを問わず、適用税率ごとの値引額又は値引額控除後の対価の額が表示されている場合には、値引額が合理的に区分されていることとなります。

❸ 外食等の範囲

(1) 外食とは

「外食」は軽減税率の対象にはなりません。「外食」とは、飲食店業等の事業を営む業者が行う食事の提供をいい、次の①及び②の要件をいずれも満たすものをいいます。

① テーブル、椅子、カウンターその他の飲食に用いられる設備（以下「飲食設備」といいます。）のある場所において（場所要件）

② 飲食料品を飲食させる役務の提供（サービス要件）

具体例としては、レストランやフードコートでの食事の提供が「外食」に該当します。

飲食店業等の事業を営む業者が行うものであっても、テイクアウト（持帰り販売）など、飲食料品を持帰りのための容器に入れ、又は包装して販売する場合は、飲食料品を飲食させる役務の提供には当たらない単なる飲食料品の販売であることから、軽減税率の対象となります。

(2) 飲食店業等の事業を営む業者が行う食事の提供の範囲について

飲食店業等の事業を営む業者が行う食事の提供には、飲食料品をその場で飲食させる事業を営む業者が行う全ての食事の提供が該当します。したがって、食品衛生法上の飲食店営業や喫茶店営業を営む業者の行う食事の提供でなくても、(1)の①の場所要件と②のサービス要件を満たす場合には、外食に該当します。

(3) 「飲食設備」の範囲

(1)の場所要件の飲食設備とは、飲食に用いられる設備であれば、その規模や目的を問いませんので、例えば、立ち食いや立ち飲みの店のように、テーブルのみ、椅子のみ、カウンターのみ若しくはこれら以外の設備又は飲食目的以外の施設等に設置されたテーブル等であっても、これらの設備が飲食に用いられるのであれば、飲食設備に該当します。

また、飲食料品を提供する事業者と飲食設備を設置・管理する者が異なっている場合であっても、飲食設備を設置・管理する者と飲食料品の提供を行う事業者との間の合意等に基づき、その設備を顧客に利用させることとしている場合には、その設備はその飲食料品を提供する事業者にとっての飲食設備に該当します。しかし、こうした合意等に基づいて

利用させることとしているものではなく、誰でも自由に利用できる公園のベンチなどは、原則として飲食設備には該当しません。

(4) 「テイクアウト（持帰り販売）」とは

　テイクアウト（持帰り販売）やドライブスルーなど、飲食料品を持帰りのための容器に入れ、又は包装して行う譲渡は、飲食設備のある場所において飲食料品を飲食させる役務の提供に当たらない単なる飲食料品の譲渡に該当しますので、軽減税率の対象となります。

　「外食（標準税率）」に該当するか、「テイクアウト（持帰り販売・軽減税率）」に該当するかは、飲食料品を提供（販売）する時点で、業者が顧客に意思確認を行うなどの方法によって判定します。

　なお、この顧客への意思確認は、事業者が販売している商品や事業形態に応じた、適宜の方法で行います。

(5) ケータリング、出張料理とは

　ケータリングとは、顧客が指定した場所において事業者が行う加熱、調理又は給仕等の役務を伴う飲食料品の提供です。「ケータリング」や「出張料理」等は、軽減税率の対象とはならず、標準税率が適用されます。

ここでいう、「加熱、調理又は給仕等の役務を伴う」とは、飲食料品の提供を行う事業者が、顧客が指定した場所に食材等を運び、調理して提供する場合や、調理済みの食材を顧客が指定した場所で加熱し温かくして提供する場合をいいます。このほか、例えば、次のような場合も該当します。
① 相手方が指定した場所で飲食料品の盛付けを行う場合
② 相手方が指定した場所で飲食料品が入っている器を配膳する場合
③ 相手方が指定した場所で飲食料品を提供するとともに取分け用の食器等を飲食に適する状態に配置する場合

なお、指定された場所での加熱、調理又は給仕等が伴わない、いわゆる「出前」や「宅配」は、単に飲食料品を配達するだけですから、「飲食料品の譲渡」に該当し、軽減税率の対象となります。

(6) 有料老人ホームでの飲食料品の提供、学校給食は軽減税率

有料老人ホームや小中学校などで提供される食事（以下「給食等」といいます。）で、これらの施設で日常生活や学校生活を営む者（以下「入居者等」といいます。）の求めに応じて、その施設の設置者等が調理等をして提供するもののうち、一定の基準を満たすものについては、軽減税率の対象となります。

施設の種類	軽減税率が適用される飲食料品の提供の範囲
有料老人ホーム	有料老人ホームの設置者又は運営者が、入居者[※1]に対して行う飲食料品の提供
サービス付き高齢者向け住宅	サービス付き高齢者向け住宅の設置者又は運営者が入居者に対して行う飲食料品の提供
義務教育諸学校[※2]	義務教育諸学校の設置者が、その児童又は生徒の全て[※3]に対して学校給食として行う飲食料品の提供
夜間課程を置く高等学校	高等学校の設置者が、夜間課程で教育を受ける生徒の全て[※3]に対して夜間学校給食として行う飲食料品の提供
特別支援学校の幼稚部又は高等部	特別支援学校の設置者が、その幼児又は生徒の全て[※3]に対して学校給食として行う飲食料品の提供

幼稚園	幼稚園の設置者が、その施設で教育を受ける幼児の全て^(※3)に対して学校給食に準じて行う飲食料品の提供
特別支援学校の寄宿舎	寄宿舎の設置者が、寄宿舎に寄宿する幼児、児童又は生徒に対して行う飲食料品の提供

（※１） 軽減税率の対象となる有料老人ホームの飲食料品の提供は、サービス付き高齢者向け住宅の入居者と同様、以下の入居者に対するものに限られます。
    ① 60歳以上の者
    ② 要介護認定又は要支援認定を受けている60歳未満の者
    ③ ①又は②に該当する者と同居している配偶者（婚姻の届出をしていないが事実上婚姻関係と同様の事情にある者を含みます。）
（※２） 義務教育諸学校とは、学校教育法に規定する小学校、中学校、義務教育学校、中等教育学校の前期課程又は特別支援学校の小学部若しくは中学部をいいます。
（※３） アレルギーなどの個別事情により全ての児童又は生徒に対して提供することができなかったとしても軽減税率の対象となります。

〈注　軽減税率の対象となる給食等の限度額は…？〉

　上の表に掲げる施設の設置者等が同一の日に同一の入居者等に対して行う飲食料品の提供の対価の額（税抜き）が１食につき640円以下であるもののうち、その日の最初に提供された飲食料品の提供の対価の額から累計した金額が1,920円に達するまでの飲食料品の提供が軽減税率の対象となります。

　また、累計額の計算方法につきあらかじめ書面で累計額の計算の対象となる飲食料品の提供を定めている場合にはその方法によることとされています。

軽減税率の対象となる給食等の限度額の計算例

　例えば、朝食500円、昼食550円、間食500円、夕食640円である場合（税抜価額）
１　あらかじめ書面により、累計額の計算の対象となる飲食料品の提供を明らかにしていない場合

朝食（軽減）	昼食（軽減）	間食（軽減）	夕食（標準）	合計（うち軽減税率対象）
500円≦640円	550円≦640円	500円≦640円	640円≦640円	＝2,190円(1,550円≦1,920円)
（累計500円）	（累計1,050円）	（累計1,550円）	（累計2,190円）	

　夕食は、１食につき640円以下ですが、朝食から夕食までの対価の額の累計額が1,920円を超えますので、夕食は軽減税率の対象となりません。
２　あらかじめ書面により、累計額の計算の対象となる飲食料品の提供を、朝食、昼食、夕食としている場合

朝食（軽減）	昼食（軽減）	間食（標準）	夕食（軽減）	合計（うち軽減税率対象）
500円≦640円	550円≦640円	500円≦640円	640円≦640円	＝2,190円(1,690円≦1,920円)
（累計500円）	（累計1,050円）	累計対象外	（累計1,690円）	

　間食は、１食につき640円以下ですが、あらかじめ書面において、累計額の対象としていませんので、軽減税率の対象となりません。

第1章 消費税の軽減税率制度

❹ 新聞の範囲

(1) 軽減税率の対象となる「新聞の譲渡」とは

　軽減税率の対象となる「新聞の譲渡」とは、一定の題号（「○○新聞」や「夕刊○○」などの題号）を用い、政治、経済、社会、文化等に関する一般社会的事実を掲載する週2回以上発行される新聞の定期購読契約に基づく譲渡をいいます。

(2) 週2回以上の発行とは

　軽減税率の対象となる「週2回以上発行される新聞」とは、通常の発行予定日が週2回以上とされている新聞をいいますので、国民の祝日等、休刊日により週1回の発行となる週があったとしても、通常の週において2回以上発行されていれば、週2回以上発行される新聞に該当します。

(3) 定期購読契約とは

　軽減税率の条件である定期購読契約とは、その新聞を購読しようとする者に対して、その新聞を定期的に継続して供給することを約する契約をいいます。

　したがって、駅の売店やコンビニエンスストア等で行われる新聞の販売は、定期購読契約に基づくものではないため、軽減税率の対象とはなりません。

第2章

令和5年9月末までの区分記載請求書等保存方式

仕入税額控除の適用を受けるための方式は、令和5年（2023年）9月30日までに行う取引は、区分記載請求書等保存方式により、令和5年（2023年）10月1日から行う取引は、適格請求書等保存方式（インボイス方式）によります。同一の課税期間内であっても、令和5年（2023年）10月1日を境に方式を変更しなければなりません。

　第2章では、令和5年（2023年）9月30日まで適用される区分記載請求書等保存方式で、仕入税額控除の適用を受けるために保存すべき帳簿や区分記載請求書等の記載内容等について確認のため説明しておきましょう。

　また、**3**では、中小事業者向けに設けられた売上税額の計算の特例についても説明しておきます。

1 区分記載請求書等保存方式の概要

❶ 区分経理が必要

　消費税等の税率は、軽減税率（8％）と標準税率（10％）の複数税率ですから、事業者は、消費税等の申告等を行うために、税率ごとに区分経理する必要があります。

❷ 区分記載請求書等保存方式とは

　令和5年（2023年）9月30日までに行う取引は、仕入税額控除の要件として、その仕入れが軽減税率の対象となる資産の譲渡等（以下「軽減対象資産の譲渡等」といいます。）なのか、それ以外の資産の譲渡等なのかの区分を明確に記載した帳簿及び請求書等の保存が求められます。これを区分記載請求書等保存方式といいます。

⑴　帳簿の記載事項について

　帳簿には、その課税仕入れが他の者から受けた軽減対象資産の譲渡等によるものである場合には、その旨を記載します。

帳簿の記載事項

①　課税仕入れの相手方の氏名又は名称
②　課税仕入れを行った年月日
③　課税仕入れに係る資産又は役務の内容
　（軽減対象資産の譲渡等に係るものである旨）
④　課税仕入れに係る支払対価の額

【帳簿の記載例】

総勘定元帳（仕入）					（税込経理）
××年		摘要		税区分	借方（円）
月	日				
11	30	△△商事㈱	11月分　日用品	10%	88,000
11	30	△△商事㈱	11月分　食料品	8%	43,200
②		①	③		④

(2) 区分記載請求書等の記載事項について

区分記載請求書等には次の項目を記載します。

イ 区分記載請求書等発行者の氏名又は名称

ロ 課税資産の譲渡等を行った年月日

ハ 課税資産の譲渡等に係る資産又は役務の内容

ニ 書類の交付を受ける事業者の氏名又は名称

ホ 課税資産の譲渡等が軽減対象資産の譲渡等である場合には、その旨(以下「軽減対象資産の譲渡等である旨」といいます。)

ヘ 軽減税率と標準税率との税率の異なるごとに区分して合計した課税資産の譲渡等の対価の額(税込み)

なお、ホ及びヘの記載事項については、課税仕入れ等を行った場合に請求書等の交付を受けた事業者が取引事実に基づいて追加記入することが認められています。

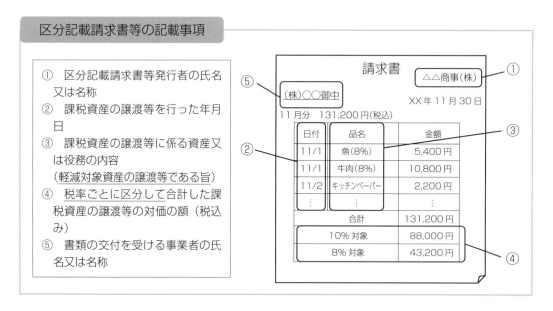

また、課税貨物の引取りに係る仕入税額控除の適用を受けるためには、課税貨物に係る課税標準である金額や引取りに係る消費税等の額が記載された輸入許可通知書等を保存するとともに、課税貨物に係る消費税等の額を帳簿に記載して保存することが要件とされています。

第2章 ┃┃┃ 令和5年9月末までの区分記載請求書等保存方式

2 ┃ 帳簿及び区分記載請求書等の記載における留意点

❶ 帳簿を記載する場合の留意点について

⑴ 「課税仕入れに係る資産の内容」の記載方法は

　「課税仕入れに係る資産の内容」の帳簿への記載は、請求書等に記載されている取引内容をそのまま記載することまで求められている訳ではありません。商品の一般的総称でまとめて記載するなど、申告時に請求書等を個々に確認することなく、軽減税率の対象となるものか、それ以外のものであるかを明確にし、帳簿に基づいて、税率ごとに仕入控除税額の計算ができる程度に記載していれば差し支えありません。

⑵ 「軽減対象資産の譲渡等に係るものである旨」の記載方法は

　「軽減対象資産の譲渡等に係るものである旨」については、軽減対象資産の譲渡等であることが客観的に明らかであるといえる程度に記載する必要があります。

⑶ 一定期間のまとめ記載方法は

　一定期間をまとめて請求書等が交付される場合には、その期間分をまとめて帳簿に記載しても差し支えありません。

〔参考〕一定期間まとめて交付される請求書に基づく帳簿の記載例

請求書

(株)○○御中　　　　　　　　XX年11月30日
　11月分　131,200円(税込)

日付	品名	金額
11/1	魚　※	5,400円
11/1	牛肉　※	10,800円
11/2	キッチンペーパー	2,200円
⋮	⋮	⋮
	合計	131,200円
	10%対象	88,000円
	8%対象	43,200円

※は軽減税率対象品目
　　　　　　　　　　　　　△△商事(株)

① 軽減税率の対象は「※」等で明確にします。
② 「※」が軽減税率の対象であることを示す説明を記載します。
　「※」等の記号を用いる方法のほか、帳簿に税率区分欄を設けて、「8%」と記載する方法や税率コードを記載する方法も認められます。

総勘定元帳	【仕入勘定】		(税込経理)
XX年		摘要	借方(単位:円)
月	日		
11	30	△△商事(株)　　雑貨(11月分)	88,000
11	30	△△商事(株)　※食料品(11月分)　①	43,200
⋮	⋮	⋮	⋮
		(※:軽減税率対象品目)　②	

❷ 区分記載請求書等を記載する場合の留意点について

⑴ 「課税資産の譲渡等に係る資産の内容」の記載の程度

「課税資産の譲渡等に係る資産の内容」を記載する場合は、その記載内容が軽減税率の対象となるものであるか、それ以外のものであるかが明確になるよう、個別の商品名等を記載します。

⑵ 「軽減対象資産の譲渡等である旨」の記載の程度

「軽減対象資産の譲渡等である旨」については、軽減対象資産の譲渡等であることが客観的に明らかであるといえる程度に表示されていればよく、個々の取引ごとに8％や10％の税率が記載されている場合のほか、例えば、次のような場合も「軽減対象資産の譲渡等である旨」が記載されていると認められます。

イ　請求書において、軽減税率の対象となる商品に「※」や「☆」といった記号・番号等を表示し、かつ、「※（☆）は軽減対象」などと説明を表示し、これらの記号・番号等が「軽減対象資産の譲渡等である旨」を明らかにしている場合【記載例1】

ロ　同一の請求書において、軽減税率の対象となる商品とそれ以外の商品とを区分し、軽減税率の対象となる商品として区分されたものは、その全体が軽減税率の対象であることが表示されている場合【記載例2】

ハ　軽減税率の対象となる商品とそれ以外の商品の請求書を別々に作成し、軽減税率の対象となる商品の請求書にその請求書に記載された商品が軽減税率の対象であることが表示されている場合【記載例3】

【記載例1】記号・番号等を使用する場合
① 軽減税率の対象には「※」などを表示
② 税率ごとに区分して合計した課税資産の譲渡等の対価の額（税込み）を記載
③ 「※」が軽減税率の対象であることを示す説明を記載

請求書

(株)○○御中　　　　　　XX年11月30日

11月分　131,200円(税込)

日付	品名	金額
11/1	魚　※　　①	5,400円
11/1	牛肉　※　　①	10,800円
11/2	キッチンペーパー	2,200円
⋮	⋮	⋮
	合計	131,200円
②	10% 対象	88,000円
	8% 対象	43,200円

※は軽減税率対象品目　③

△△商事(株)

【記載例2】 同一請求書内で、税率ごとに商品を区分して区分記載請求書等を発行する場合

① 軽減税率の対象商品とそれ以外の商品とをそれぞれ「小計」を表示するなどして区分し、「8％対象　小計」、「10％対象　小計」などと記載

② ①で区分した商品を合計し、税率ごとに区分して合計した課税資産の譲渡等の対価の額（税込み）を記載

請求書

（株）○○御中　　　　　　　XX年11月30日
11月分　131,200円（税込）

日付	品名	金額
11/1	魚	5,400円
11/1	牛肉	10,800円
⋮	⋮	⋮
① 8％対象 小計		② 43,200円
11/2	キッチンペーパー	2,200円
⋮	⋮	⋮
① 10％対象 小計		② 88,000円
	合計	131,200円

△△商事（株）

【記載例3】 税率ごとに区分記載請求書等を分けて発行する場合

○　軽減税率対象分

請求書

① （軽減税率対象）

（株）○○御中　　　　　　　XX年11月30日
11月分 43,200円（税込）

日付	品名	金額
11/1	魚	5,400円
11/1	牛肉	10,800円
⋮	⋮	⋮
② 合計		43,200円

△△商事（株）

○　標準税率対象分

請求書

（株）○○御中　　　　　　　XX年11月30日
11月分 88,000円（税込）

日付	品名	金額
11/2	キッチンペーパー	2,200円
⋮	⋮	⋮
② 合計		88,000円

△△商事（株）

① 軽減税率対象分の請求書には、軽減税率の対象資産のみであることが明らかになるよう「軽減税率対象」などと記載

② 税率ごとに区分して発行したそれぞれの請求書に、税率ごとに区分して合計した課税資産の譲渡等の対価の額（税込み）を記載

⑶　一定期間のまとめ記載の場合

　　日々の取引内容については、納品書等に記載され、一定期間まとめて請求書が交付される場合、納品書等と請求書との相互関連性が明確で、かつ、これらの書類全体で区分記載請求書等の記載事項を満たすときには、これらの書類をまとめて保存することで、区分記載請求書等が保存されているものとして取り扱われます。

この場合、請求書に記載する取引年月日については、対象となる一定期間を記載すればよく、また、同一の商品（一般的な総称による区分が同一であるもの）が一定期間内に複数回納品されているような場合には、「軽減対象資産の譲渡等である旨」については、同一の商品をまとめて記載して差し支えありません。

【一定期間の取引をまとめて記載する場合の記載例】

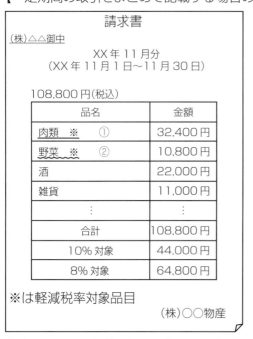
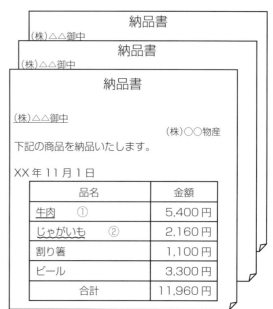

（注）　納品書の①「牛肉」を「肉類」、②「じゃがいも」を「野菜」としてまとめて請求書に記載した上で、それぞれに「軽減対象資産の譲渡等である旨」を記載することができます。

(4)　仕入れた事業者が請求書等に追記する場合

　区分記載請求書等保存方式では、仕入税額控除の適用を受けようとする場合に保存しておかなければならない請求書等には、
　　イ　軽減対象資産の譲渡等である旨と
　　ロ　税率ごとに区分して合計した課税資産の譲渡等の対価の額（税込み）
の２項目を記載する必要があります。

　仕入先事業者から受け取った請求書等にこれらの記載事項が書かれていない場合には、その請求書等を受け取った事業者が、取引の事実に基づいて、自身でその請求書等に追加記入することができます。

　追加記入できるのは、「軽減対象資産の譲渡等である旨」と「税率ごとに区分して合計した課税資産の譲渡等の対価の額（税込み）」の２項目だけです。

(5)　免税事業者から仕入れた場合は

　免税事業者から仕入れた場合であっても、仕入税額控除の適用を受けることができま

す。この場合でも、
- イ 軽減対象資産の譲渡等である旨と
- ロ 税率ごとに区分して合計した課税資産の譲渡等の対価の額（税込み）

が記載された区分記載請求書等を保存しなければなりません。

ただ、請求書等にイやロの内容が記載されていない場合には、(4)の追加記入をすることができます。

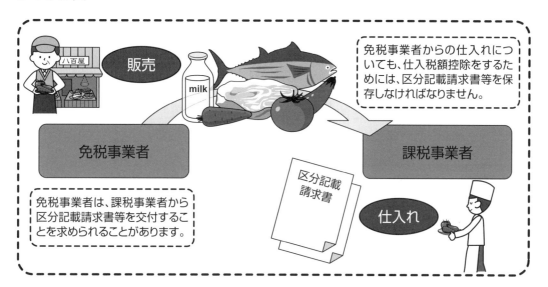

3 中小事業者の税額計算の特例

この3では、課税資産の譲渡等の税込価額を標準税率と軽減税率の税率の異なるごとに区分して合計することにつき困難な事情がある中小事業者を対象とする税額計算の特例（経過措置）について説明します。

❶ 中小事業者の税額計算の特例（経過措置）の概要

軽減税率制度の下では、原則として、日々の業務において、売上げ、仕入れ、経費の支出及び資産の取得について税率の異なるごとに区分経理を行い、税率の異なるごとに税額計算を行います。

ただ、区分経理に対応する準備が整わないなど、国内において行った課税資産の譲渡等の税込価額（以下「課税売上げ（税込み）」といいます。）を税率の異なるごとに区分して合計することにつき困難な事情がある中小事業者（基準期間における課税売上高が5,000万円以下の事業者をいいます。以下同じ。）については、令和5年9月30日までの期間における消費税の計算においては、税額計算の特例（経過措置）を用いて、課税標準額に係

る消費税額を計算することができます。

　この税額計算の特例は、中小事業者が営む事業の種類に応じて、適用できる特例の方法が異なります。

　税額計算の特例を使うことができる「困難な事情」とは、例えば、課税期間中に国内において行った課税売上げ（税込み）を税率ごとに管理することができなかった場合等の困難な事情をいいますが、困難の度合いは問いません。

❷　売上税額の計算の特例について

　課税売上げ（税込み）を税率の異なるごとに区分して合計することにつき困難な事情がある中小事業者は、経過措置として、税率の異なるごとに区分していない課税売上げ（税込み）の合計額に一定の割合を掛けて軽減税率の対象となる課税売上げ（税込み）を計算し、残りを標準税率の対象となる課税売上げ（税込み）とする特例が認められています。この特例は、令和5年9月30日までに行った課税資産の譲渡等に係る消費税等の計算で使うことができます。

　「一定の割合」は、次の3通りです。

⑴　小売等軽減仕入割合の特例

　卸売業又は小売業を営む中小事業者で、課税仕入れ等（税込み）を税率の異なるごとに管理することができる中小事業者は、その卸・小売業の課税売上げの合計額（税込み）に、その卸・小売業の課税仕入れ等（税込み）に占める軽減税率の対象となる売上げにのみ要する課税仕入れ等（税込み）の割合（小売等軽減仕入割合）を掛けて、軽減税率の対象となる課税売上げ（税込み）を算出し、売上税額を計算することができます。

⑵　軽減売上割合の特例

　課税売上げの合計額（税込み）に、通常の連続する10営業日の課税売上げ（税込み）に占める同期間の軽減税率の対象となる課税売上げ（税込み）の割合（軽減売上割合）を掛けて、軽減税率の対象となる課税売上げ（税込み）を算出し、売上税額を計算することができます。

　通常の連続する10営業日とは、この特例の適用を受けようとする令和5年9月30日までの期間内の通常の事業を行う連続する10営業日であれば、いつであるかは問いません。

⑶　⑴及び⑵の割合の計算が困難な場合

　⑴及び⑵の割合を用いて計算することが困難な中小事業者で、主として軽減対象資産の譲渡等を行う事業者は、軽減対象資産の譲渡等の割合を50/100として売上税額を計算することができます。

　主として軽減対象資産の譲渡等を行う事業者とは、令和5年9月30日までの適用対象期

間中の課税売上げのうち、軽減税率の対象となる課税売上げの占める割合がおおむね50％以上である事業者をいいます。

■ 特例計算による軽減税率の対象となる課税売上げ（税込み）

❸ 小売等軽減仕入割合の特例

❷の(1)の課税仕入れ等（税込み）の割合で課税売上げ（税込み）の額を軽減税率の対象となる課税売上げと標準税率の対象となる課税売上げに按分する小売等軽減仕入割合の特例について説明します。

(1) 対象事業者

次の①から③の要件を満たす中小事業者が適用できます。
① 軽減対象資産の譲渡等を行う、卸売業又は小売業を営む事業者
② 特例の適用を受けようとする課税期間中に簡易課税制度の適用を受けない事業者（原則課税に限定）
③ 課税仕入れ等（税込み）について、税率の異なるごとに区分経理できる事業者

《例：野菜と酒類を販売する小売業者の場合》

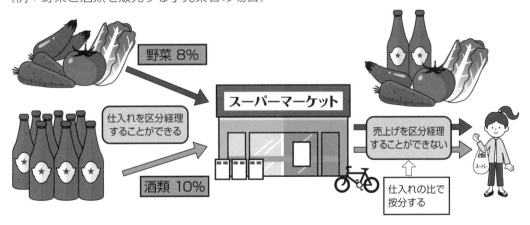

(2) 適用対象期間

「小売等軽減仕入割合の特例」の適用対象期間は、各課税期間のうち、令和5年（2023年）9月30日までの期間です。課税期間ごとの適用ではなく、課税期間内に行った取引のうち、この制度の適用対象期間内に行った課税取引が対象となります。

(3) 小売等軽減仕入割合の特例による課税標準額及び消費税額の計算方法

■ 小売等軽減仕入割合を用いた課税標準額計算のイメージ

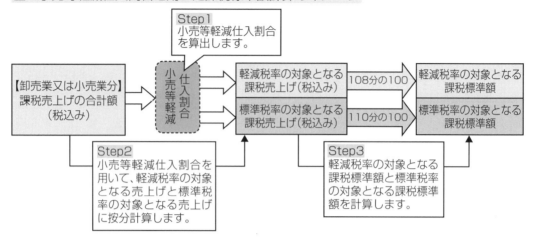

Step 1

小売等軽減仕入割合を計算します。

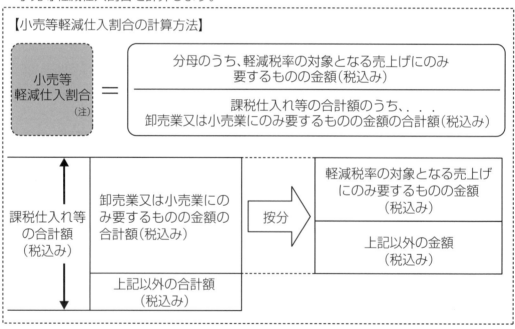

(注) 主として軽減対象資産の譲渡等を行う事業者で、小売等軽減仕入割合を算出することが困難な場合は、小売等軽減仕入割合を50%として計算することができます（❷の(3)）。

Step 2

　小売等軽減仕入割合を用いて、卸売業又は小売業に係る売上げを軽減税率の対象となる売上げと標準税率の対象となる売上げに按分します。

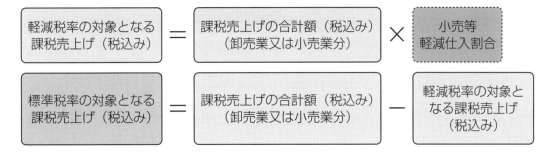

Step 3

　軽減税率の対象となる課税標準額と標準税率の対象となる課税標準額を計算します。

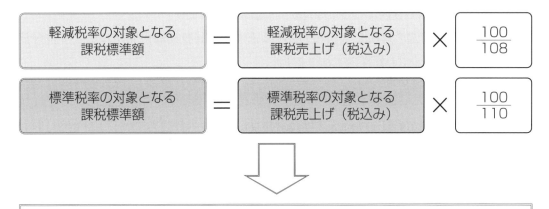

　算出した税率ごとの課税標準額（1,000円未満切捨て）に軽減税率（6.24％）又は標準税率（7.8％）を掛けて、税率ごとの課税売上げに係る消費税額を計算します。

❹ 軽減売上割合の特例

　❷の(2)の通常の連続する10営業日の課税売上げ（税込み）に占める同期間の軽減税率の対象となる課税売上げ（税込み）の割合を用いて課税売上げ（税込み）の額を軽減税率の対象となる課税売上げと標準税率の対象となる課税売上げに按分する軽減売上割合の特例について説明します。

(1)　対象事業者

　軽減対象資産の譲渡を行う中小事業者であれば、業種に関係なく適用することができます。簡易課税制度を適用する事業者も適用することができます。

《例：飲食店業を営む事業者で持ち帰り（テイクアウト）と店内飲食（イートイン）がある場合》

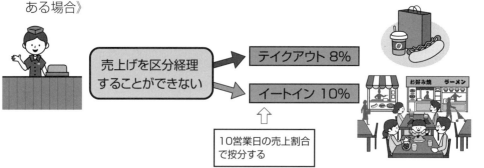

(2) 適用対象期間

「軽減売上割合の特例」の適用対象期間は、各課税期間のうち、令和5年（2023年）9月30日までの期間です。課税期間ごとの適用ではなく、課税期間内に行った取引のうち、この制度の適用対象期間内に行った課税取引が対象となります。

したがって、「通常の連続する10営業日」は適用する課税期間の開始日から令和5年（2023年）9月30日までの期間内とされます。

(3) 軽減売上割合の特例による課税標準額及び消費税額の計算方法

■ 軽減売上割合を用いた課税標準額計算のイメージ

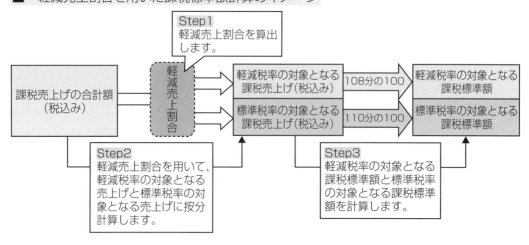

Step 1

軽減売上割合を計算します。

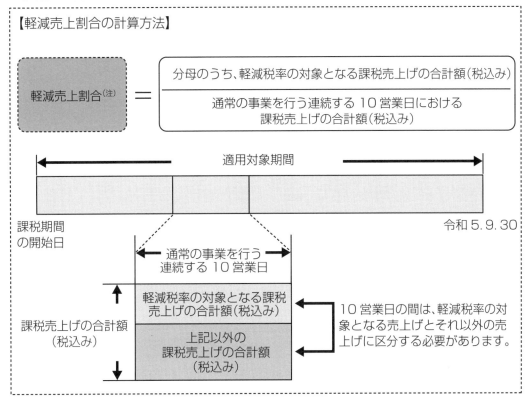

（注） 主として軽減対象資産の譲渡等を行う事業者で、軽減売上割合を算出することが困難な場合は、軽減売上割合を50％として計算することができます（❷の(3)）。

Step 2

軽減売上割合を用いて、軽減税率の対象となる売上げと標準税率の対象となる売上げに按分します。

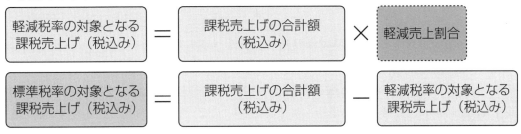

Step 3

軽減税率の対象となる課税標準額と標準税率の対象となる課税標準額を計算します。

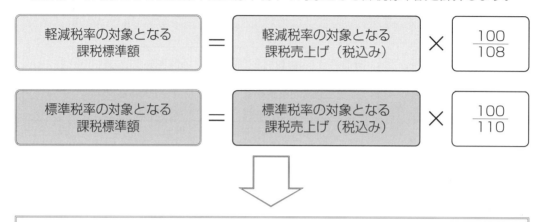

「通常の事業を行う連続する10営業日」とは、課税期間の開始日から令和5年9月30日までの期間において通常の事業を行う連続する10営業日であればいつであっても構いませんが、例えば、通常飲食料品と飲食料品以外の資産を販売する事業者が、催し物等の特別な営業をして、飲食料品の販売しか行わなかった営業日は、「通常の事業」を行う営業日には該当しません。

❺ 複数の事業を営む中小事業者の売上税額の計算の特例の適用関係

複数の事業を営む中小事業者が、課税売上げ（税込み）を事業の異なるごとに区分しているときは、その区分している事業ごとに「小売等軽減仕入割合の特例」又は「軽減売上割合の特例」を適用することができます。

ただ、「小売等軽減仕入割合の特例」と「軽減売上割合の特例」を併用することはできませんので、例えば、小売業と製造業を営む中小事業者で、小売業について、「小売等軽減仕入割合の特例」を適用する場合、製造業については、原則どおり、税率の異なるごとに課税売上げ（税込み）を区分し、税額計算しなければなりません。

ただし、この場合であっても、小売業と製造業の両方に「軽減売上割合の特例」を適用することは可能です。

■ 複数の事業を営む場合の売上税額の計算の特例の適用関係
① 小売業に「小売等軽減仕入割合の特例」を適用した場合

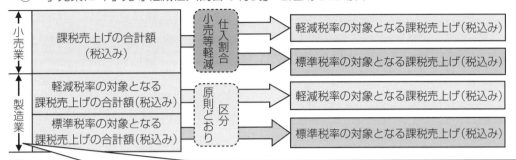

「小売等軽減仕入割合の特例」と「軽減売上割合の特例」は、併用することができないため、製造業に「軽減売上割合の特例」を適用することができません。

② 小売業・製造業それぞれに「軽減売上割合の特例」を適用した場合

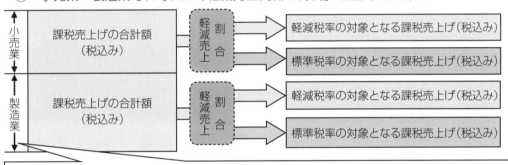

事業ごとに「軽減売上割合の特例」を適用することができます（次ページの計算例を参照）。

事業ごとに「軽減売上割合の特例」を適用する場合の計算例

例：小売業と製造業を営む中小事業者Ａ（課税期間が令和４年10月１日から令和５年９月30日）は、課税期間中の売上げを税率ごとに区分経理することにつき困難な事情があることから、各事業につき、10営業日の売上げを軽減税率の対象と標準税率の対象とに区分経理し、軽減売上割合の特例を適用することとしました。

売上帳（小売業）　　　　　　（単位：円　税込み）

月	日	摘要	内訳	金額
10	・・・	・・・		1,800,000
11	1〜10	野菜※	400,000	
		雑貨	100,000	
	11〜31		1,000,000	1,500,000
12	・・・	・		1,600,000
1				1,800,000
2				1,200,000
3	・・・	・・・		1,000,000
4	・・・	・・・		1,300,000
5	・・・	・・・		1,300,000
6	・・・	・・・		900,000
7	・・・	・・・		1,700,000
8	・・・	・・・		1,100,000
9	・・・	・・・		1,000,000
	総売上高			16,200,000

連続する10営業日

売上帳（製造業）　　　　　　（単位：円　税込み）

月	日	摘要	内訳	金額
10	・・・	・・・		1,700,000
11	・・・	・・・		1,200,000
12	・・・	・・・		900,000
1	・・・	・・・		1,100,000
2	1〜21	・・・	800,000	
	22〜31	パン※	100,000	
		雑貨	300,000	1,200,000
3	・・	・・		1,400,000
4	・・	・		1,300,000
5				1,000,000
6				800,000
7	・・・	・・・		1,500,000
8				1,200,000
9				740,000
	総売上高			14,040,000

連続する10営業日

※は軽減税率対象品目

【小売業】
1　軽減売上割合の算出
　軽減売上割合
　400,000/（400,000＋100,000）＝0.8
2　軽減税率の対象となる課税売上げ（税込み）
　16,200,000×0.8＝12,960,000
3　軽減税率の対象となる課税資産の譲渡等の対価の額
　12,960,000×100/108＝12,000,000
4　標準税率の対象となる課税資産の譲渡等の対価の額
　（16,200,000－12,960,000）×100/110
　　　　　　　　　　　＝2,945,454

※は軽減税率対象品目

【製造業】
1　軽減売上割合の算出
　軽減売上割合
　100,000/（100,000＋300,000）＝0.25
2　軽減税率の対象となる課税売上げ（税込み）
　14,040,000×0.25＝3,510,000
3　軽減税率の対象となる課税資産の譲渡等の対価の額
　3,510,000×100/108＝3,250,000
4　標準税率の対象となる課税資産の譲渡等の対価の額
　（14,040,000－3,510,000）×100/110
　　　　　　　　　　　＝9,572,727

【合計】
軽減税率の対象となる課税標準額（1,000円未満切捨て）　12,000,000＋3,250,000＝15,250,000
標準税率の対象となる課税標準額（1,000円未満切捨て）　2,945,454＋9,572,727≒12,518,000
※　連続する10営業日は事業の種類ごとに異なった日を選択することが可能です。

❻ 適用対象期間に関する留意点

　売上税額の計算の特例を適用できる期間は、各課税期間のうち、令和５年（2023年）９月30日までの期間です。

　令和５年９月30日をまたぐ（含む）課税期間においては、令和５年９月30日の前後で適用関係が異なり、課税期間の開始日から令和５年９月30日までに行った課税取引について

は売上税額の計算の特例を適用することができますが、令和5年10月1日から課税期間の末日までに行った課税取引については、原則どおり税率の異なるごとに区分経理し税率の異なるごとに税額計算しなければなりません。

○　課税期間が1月1日から12月31日までの事業者の場合
　　（令和元年10月1日及び令和5年9月30日をまたぐ課税期間がある場合）

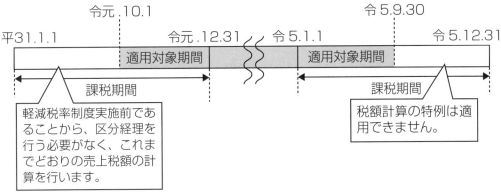

○　課税期間が10月1日から9月30日までの事業者の場合

❼ 売上返品、値引き、割戻しや貸倒れ等があった場合（売上税額の計算の特例を適用）

　❸から❻の売上税額の計算の特例の適用を受けた課税資産の譲渡等につき、売上対価の返還等を行った場合は、その売上対価の返還等の対象となった課税資産の譲渡等の事実に基づき、売上対価の返還等の金額に係る消費税額を計算しなければなりません。

　ただし、その売上対価の返還等の金額を税率の異なるごとに区分することが困難な場合には、その売上対価の返還等の金額に、適用した売上税額の計算の特例の割合（「小売等軽減仕入割合」、「軽減売上割合」又は「50％」）を掛けて計算した金額を軽減対象資産の譲渡等に係るものとして計算することができます。

　貸倒れに係る消費税額についても、同様に計算することができます。

売上返品等があった場合の具体的な計算方法

例：「軽減売上割合の特例」（10営業日）の適用を受けた場合（軽減売上割合＝80％）で、売上対価の返還等の金額（3,300円）を税率の異なるごとに区分することが困難なとき

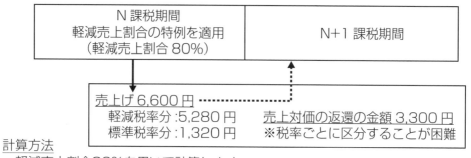

計算方法
　軽減売上割合80％を用いて計算します。
　軽減対象資産の譲渡等に係る対価の返還等の額は、3,300円×80％＝2,640円となります。

■ 卸売業や小売業を営む中小事業者は「小売等軽減仕入割合の特例」と「軽減売上割合の特例」のどちらを適用すればよいのか

　卸売業又は小売業を営む中小事業者は、「小売等軽減仕入割合の特例」又は「軽減売上割合の特例」のいずれかを適用することができます。

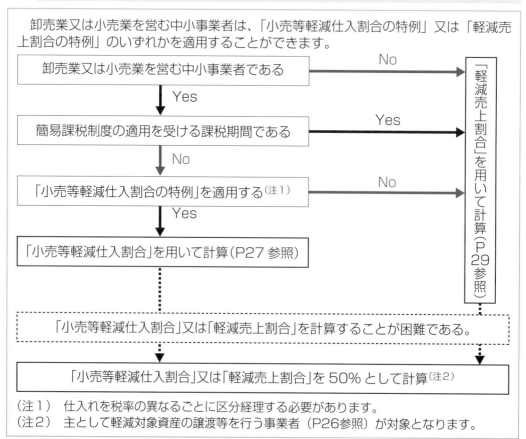

（注1）　仕入れを税率の異なるごとに区分経理する必要があります。
（注2）　主として軽減対象資産の譲渡等を行う事業者（P26参照）が対象となります。

第3章

令和5年10月1日からの適格請求書等保存方式

第3章　　令和5年10月1日からの適格請求書等保存方式

　平成元年4月の消費税導入以降、数次の税率改正はありましたが、我が国の消費税率は長年単一税率で推移してきました。そのため、仕入税額控除（前段階税額控除）の算出方法としてヨーロッパ各国が導入しているインボイス方式によらず、帳簿方式によることができたのです。

　しかし、令和元年10月に軽減税率が導入されて複数税率になったことから、令和元年10月1日から令和5年9月30日までの4年間は、複数税率に対応する前段階税額控除の算出方法として、第2章で説明した区分記載請求書等保存方式が採用されてきたのですが、令和5年10月1日からは、我が国の消費税の仕入税額控除（前段階税額控除）の算出方法の最終方式として、インボイス方式（適格請求書等保存方式）が導入されます。

　このインボイス方式（適格請求書等保存方式）というのは、課税事業者が仕入税額控除の適用を受けるための要件をいいます。

1 適格請求書等保存方式（インボイス方式）の概要

❶ 適格請求書等保存方式とは

　令和5年10月1日から複数税率に対応した仕入税額控除の方式として、それまでの「区分記載請求書等保存方式」に代わって、「適格請求書等保存方式」（いわゆるインボイス制度）が導入されます。

　適格請求書等保存方式では、「帳簿」及び税務署長に申請して登録を受けた課税事業者である「適格請求書発行事業者」が交付する「適格請求書」又は「適格簡易請求書」（以下合わせて「適格請求書等」といいます。）などの請求書等を保存することが仕入税額控除の適用を受けるための要件となります。

> 　適格請求書等とは、「売手が、買手に対し正確な適用税率や消費税額等を伝えるための手段」であり、一定の事項が記載された請求書や納品書その他これらに類する書類をいいます。

❷ 適格請求書発行事業者とは

　適格請求書発行事業者とは、適格請求書等を交付しようとする事業者で、あらかじめ納税地を所轄する税務署長の登録を受けた事業者をいいます。適格請求書等を発行できる事業者は適格請求書発行事業者に限られますが、適格請求書発行事業者には事業者免税点の制度（いわゆる消費税免税事業者の制度）が適用されませんから、適格請求書発行事業者は原則として課税事業者であり、免税事業者は適格請求書等を発行することができません。

2　適格請求書発行事業者の登録制度

❶ 適格請求書発行事業者の登録方法

　事業者が適格請求書等を発行するためには、あらかじめ税務署長に適格請求書発行事業者となることを申請して、登録を受ける必要があります。

① 適格請求書等を交付することができるのは、適格請求書発行事業者に限られます。

② 適格請求書発行事業者となるためには、税務署長に「適格請求書発行事業者の登録申請書」（以下「登録申請書」といいます。）を提出し、登録を受ける必要があります。

　なお、課税事業者でなければ登録を受けることはできません。

　インボイス制度開始後、事業者が適格請求書発行事業者の登録を申請する場合において、課税期間の初日から登録を受ける場合、その課税期間の初日から起算して15日前までに申請書を提出しなければならないこととされています。

　また、実際に登録が完了した日が、課税期間の初日後であっても、課税期間の初日に登録を受けたものとみなされます。

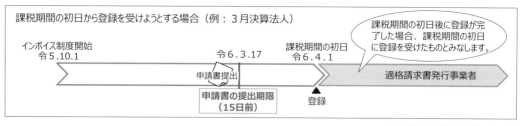

（財務省資料を基に作成）

　登録申請書は、e-Tax を利用して提出すると早く登録を受けることができます。個人事業者の場合は、スマートフォンでも手続することができます。国税庁ホームページのインボイス制度特設サイト内の「申請手続」に掲載されている「適格請求書発行事業者の登録申請データ作成マニュアル（e-Tax ソフト（WEB 版））」を参照してください。

　また、郵送等により登録申請書を提出する場合の送付先は、所轄の税務署ではなく専用の送付先である各国税局（沖縄国税事務所を含みます。以下同じです。）のインボイス登録センター宛てとなります。インボイス登録センターの住所や登録申請書の様式は、国税庁ホームページのインボイス制度特設サイト内の「申請手続」を参照してください。

第3章　令和5年10月1日からの適格請求書等保存方式

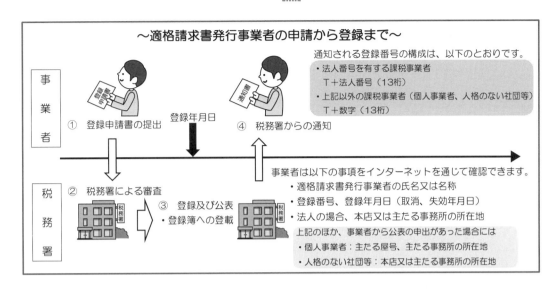

❷ 登録の通知

　適格請求書発行事業者の登録を申請した場合に、登録を受けようとする事業者が、消費税法の規定に違反して罰金以上の刑に処され、その執行を終わり、又は執行を受けることがなくなった日から2年を経過しない者であるなど登録拒否要件に該当しない限り、原則として、登録を拒否されることはなく、登録を申請した事業者に対して、税務署から登録の通知が届くことになっています。

　登録通知は、登録申請書をe-Taxで提出して電子での登録通知を希望した場合は、「送信結果・お知らせ」の「通知書等一覧」に登録番号等が記載された登録通知書がデータで格納されます。書面での申請などその他の場合には、書面で登録番号が記載された登録通知書が送付されます。

　登録通知書は原則として再発行されませんから、データで格納された通知書を書面で出力し、PDFデータで保存することをお勧めします。

《登録申請のスケジュール》
　適格請求書等保存方式が導入される令和5年10月1日から登録を受けるためには、原則として、令和5年3月31日までに登録申請書を提出する必要がありますが、困難な事情(注)がある場合には、令和5年9月30日までにその申請書を提出することで令和5年10月1日から登録を受けることができます。

（注）「困難な事情」については、その程度は問われませんし、事情の記載がなかったとしても登録は可能です。

その課税期間の基準期間における課税売上高が1,000万円以下の事業者は、原則として消費税の納税義務が免除され、免税事業者となります。

しかしながら、適格請求書発行事業者の登録を受けた事業者が、その課税期間の基準期間における課税売上高が1,000万円以下となった場合であっても、適格請求書発行事業者の登録を取り消されない限り、免税事業者となりません。

❸ 適格請求書発行事業者の登録事項等の公表

適格請求書発行事業者の登録に際しては、次の事項が国税庁ホームページの「適格請求書発行事業者公表サイト」で公表されます。また、適格請求書発行事業者の登録が取り消された場合や効力を失った場合には、その年月日が「適格請求書発行事業者公表サイト」で公表されます。

① 適格請求書発行事業者の氏名又は名称

個人事業者の氏名について「住民票に併記されている外国人の通称」又は「住民票に併記されている旧氏（旧姓）」を氏名として公表することを希望する場合やそれらを氏名と併記して公表することを希望する場合には、登録申請書と併せて必要事項を記載した「適格請求書発行事業者の公表事項の公表（変更）申出書」を提出します。

② 法人（人格のない社団等を除きます。）の場合は、本店又は主たる事務所の所在地

③ 消費税法第57条の2第5項第1号《適格請求書発行事業者の登録等》に規定する特定国外事業者以外の国外事業者については、国内において行う資産の譲渡等に係る事務所、事業所その他これらに準ずるものの所在地

④ 登録番号

⑤ 登録年月日

⑥ 登録取消年月日、登録失効年月日

なお、「適格請求書発行事業者の公表事項の公表（変更）申出書」に次の事項を記載して提出した場合には、次の事項も公表されます。

① 個人事業者の主たる屋号及び主たる事務所の所在地等

② 人格のない社団等の本店又は主たる事務所の所在地

❹ 登録番号

登録番号は、「T＋13桁の数字」です。

① 法人番号を有する課税事業者の場合

T＋13桁の法人番号

② 個人事業者や人格のない社団などの①以外の課税事業者の場合

T＋税務署長が付与した13桁の数字

が付与されます。

❺ 免税事業者等と登録申請について

免税事業者等が適格請求書発行事業者の登録を申請する場合には、次のことに注意が必要です。

① 登録申請と課税事業者選択届出書の関係

免税事業者が、令和5年10月1日に登録を受けようとする場合や、令和5年10月1日から令和11年9月30日までの日を含む課税期間中に登録を受けることとなった場合には、登録の日から課税事業者になります。つまり、年の途中又は事業年度（課税期間）の途中から課税事業者になります。

これらの場合は、課税事業者選択届出書は提出する必要がありません。

したがって、これらの場合には、登録日から課税事業者になりますので、その課税期間の基準期間の課税売上高にかかわらず、登録日から課税期間の末日まで又はそれ以後の課税期間の消費税等の申告をすることになります。

(注1) 免税事業者が、令和5年10月1日の属する課税期間に登録する場合は、課税事業者を選択した場合の2年間の継続適用の取扱いはありません。

しかし、令和5年10月1日の属する課税期間の翌課税期間以後は、「課税事業者選択届出書」を提出した事業者と同様に、登録日から2年を経過する日の属する課税期間までの間は、継続して課税事業者として申告が必要になります。

(注2) 令和5年10月1日から令和11年9月30日までの日を含む課税期間に登録希望日から登録を受けようとする免税事業者は、申請書に登録希望日（提出日から15日以後の日）を記載します。なお、実際に登録完了した日が登録希望日後であったとしても、その登録希望日に登録を受けたものとみなされます。

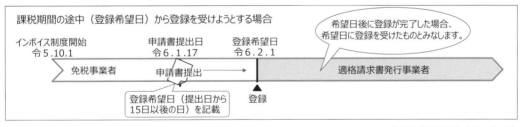

（財務省資料を基に作成）

② 免税事業者が課税期間の初日から登録を受けようとする場合

①の適用を受けない課税期間に免税事業者が登録を受ける場合には、原則どおり、課税事業者選択届出書を提出して、課税事業者になります。

免税事業者が課税事業者になることを選択した課税期間の初日から登録を受けようとする場合には、その登録を受けようとする課税期間の開始の日の15日前までに登録申請書を提出しなければなりません。

③ 新たに事業を開始する場合の適格請求書発行事業者の登録

新たに事業を開始する事業者が、その事業を開始した日の属する課税期間の初日から適格請求書発行事業者の登録を受けようとする場合には、登録申請書に課税期間の初日から登録を受けようとする旨を記載してその課税期間の末日までに提出します。

❻ 簡易課税制度を選択する場合の手続等

　前記のとおり、免税事業者が令和5年10月1日から令和11年9月30日までの日を含む課税期間中に登録を受けることになった場合には、登録日（令和5年10月1日よりも前に登録の通知を受けた場合であっても、登録の効力は登録日である令和5年10月1日に生じます。）から課税事業者となります。

　そこで、登録の日の属する課税期間中に、その課税期間から簡易課税制度の適用を受ける旨を記載した「消費税簡易課税制度選択届出書」を所轄税務署長に提出した場合には、その課税期間の初日の前日に消費税簡易課税制度選択届出書を提出したものとみなされます。

　したがって、免税事業者が令和5年10月1日から令和11年9月30日までの日を含む課税期間中に登録を受けることになった場合で、その課税期間中に消費税簡易課税制度選択届出書を提出した場合には、その課税期間から簡易課税制度の適用を受けることができます。

《消費税簡易課税制度選択届出書の提出に係る特例》
（例）免税事業者である個人事業者が令和5年10月1日から登録を受けた場合で、令和5年分の申告において簡易課税制度の適用を受けるとき

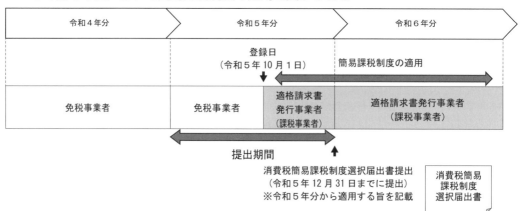

❼ 適格請求書発行事業者の取りやめ及び失効

　適格請求書発行事業者は、税務署長に「適格請求書発行事業者の登録の取消しを求める旨の届出書」（登録取消届出書）を提出することにより、原則として、登録取消届出書を提出した課税期間の翌課税期間の初日に、適格請求書発行事業者の登録の効力を失わせることができますが（登録の取りやめ）、その登録取消届出書の提出は、その取り消そうとする課税期間の初日から起算して15日前までの日に提出しなければなりません。これが遅れた場合には、その提出した日の属する課税期間の翌々課税期間の初日まで登録の効力は

失われません。

一方、適格請求書発行事業者が事業を廃止した場合には、「事業廃止届出書」を提出しますが、その場合、事業を廃止した日に登録の効力が失われます。

また、適格請求書発行事業者である法人が合併により消滅した場合には、「合併による法人の消滅届出書」を提出しますが、その場合、合併により消滅した日に登録の効力が失われます。

《登録の取りやめ》3月決算法人の場合

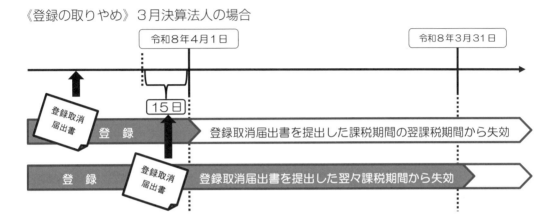

3 適格請求書発行事業者の義務等（売手側の留意点）

❶ 適格請求書の交付と保存義務

適格請求書発行事業者には、国内において課税資産の譲渡等をした場合に、適格請求書等を交付することが困難な一定の場合を除き、原則として、課税事業者である相手方の求めに応じて適格請求書等を交付しなければなりません。また、適格請求書発行事業者には、交付した適格請求書等の写し及び提供した適格請求書等に係る電磁的記録を保存する義務が課されています。

適格請求書発行事業者が保存すべき「交付した適格請求書等の写し」とは、交付した書類そのものを複写したものに限らず、例えば、適格簡易請求書等に係るレジのジャーナルや複数の適格請求書等の記載事項の一覧表など、その適格請求書等の記載事項が確認できる程度の記載がされているものもこれに含まれます。

この場合において、適格請求書発行事業者は、交付した適格請求書等に誤りがあった場合には、修正した適格請求書等を交付しなければなりません。また、適格請求書等の交付に当たっては、以下の行為が禁止されており、違反した場合の罰則も設けられています。

① 適格請求書発行事業者の登録を受けていない事業者が、適格請求書等と誤認されるおそれのある書類を交付すること

② 　適格請求書発行事業者が、偽りの記載をした適格請求書等を交付すること

　この適格請求書等の写しや電磁的記録は、交付した日又は提供した日の属する課税期間の末日の翌日から２か月を経過した日から７年間、納税地又はその取引に係る事務所、事業所その他これらに準するものの所在地に保存しなければなりません。

❷　適格請求書の電磁的記録による保存

　このように適格請求書発行事業者には交付した適格請求書等の写しを保存する義務が課されていますが、こうした国税に関する法律の規定により保存が義務付けられている書類で、自己が一貫して電子計算機を使用して作成したものについては、電子帳簿保存法に基づき、電磁的記録を保存することで書類の保存に代えることができます。

　なお、作成したデータを保存する場合には、次の要件を満たす必要があります。

① 　適格請求書等に係る電磁的記録の保存等に併せて、システム関係書類等（システム概要書、システム仕様書、操作説明書、事務処理マニュアル等）を備え付けること

② 　適格請求書等に係る電磁的記録の保存等をする場所に、その電磁的記録の電子計算機処理の用に供することができる電子計算機、プログラム、ディスプレイ及びプリンター並びにこれらの操作説明書を備え付け、その電磁的記録をディスプレイの画面及び書面に整然とした形式及び明瞭な状態で速やかに出力できるようにしておくこと

③ 　国税に関する法律の規定による適格請求書等に係る電磁的記録の提示若しくは提出の要求に応じることができるようにしておくこと又は適格請求書等に係る電磁的記録について、次の要件を満たす検索機能を確保しておくこと

・取引年月日、その他の日付を検索条件として設定できること

・日付に係る記録項目は、その範囲を指定して条件を設定することができること

❸　適格請求書に係る電磁的記録を提供した場合の保存方法

　適格請求書発行事業者は、国内において課税資産の譲渡等を行った場合には、相手方（課税事業者に限ります。）から求められた時に、適格請求書を交付しなければなりませんが、適格請求書を交付する代わりに適格請求書に係る電磁的記録を相手方に提供することもできます。この場合、適格請求書発行事業者は、提供した電磁的記録を電磁的記録のまま又は紙に印刷して、電磁的記録を相手方に提供した日の属する課税期間の末日の翌日から２か月を経過した日から７年間、納税地又はその取引に係る事務所、事業所その他これらに準ずるものの所在地に保存しなければなりません。

　また、その電磁的記録をそのまま保存する場合には、次の措置を講じなければなりません。

① 　次のイからニのいずれかの措置

イ 　適格請求書に係る電磁的記録を提供する前にタイムスタンプを付し、その電磁的

記録を提供すること

ロ　次のいずれかの方法により、タイムスタンプを付すとともに、その電磁的記録を保存する者又はその者を直接監督する者に関する情報を確認することができるようにしておくこと

・適格請求書に係る電磁的記録の提供の後で、速やかにタイムスタンプを付すこと

・適格請求書に係る電磁的記録の提供からタイムスタンプを付すまでの各事務処理に関する規程を定めている場合、その業務処理に係る通常の期間を経過した後に速やかにタイムスタンプを付すこと

ハ　適格請求書に係る電磁的記録の記録事項について、次のいずれかの要件を満たす電子計算機処理システムを使用して適格請求書に係る電磁的記録の提供及びその電磁的記録を保存すること

・訂正や削除をした場合には、その事実や内容を確認することができること

・訂正や削除をすることができないこと

ニ　適格請求書に係る電磁的記録の記録事項につき正当な理由がない訂正や削除を防止する事務処理の規程を定め、その規程に沿って運用し、その電磁的記録の保存に併せてその規程を備え付けること

②　適格請求書に係る電磁的記録の保存等に併せて、システム概要書を備え付けること

③　適格請求書に係る電磁的記録を保存する場所に、その電磁的記録の電子計算機処理の用に供することができる電子計算機、プログラム、ディスプレイ及びプリンター並びにこれらの操作説明書を備え付け、その電磁的記録をディスプレイの画面及び書面に整然とした形式及び明瞭な状態で、速やかに出力できるようにしておくこと

④　適格請求書に係る電磁的記録につき、次の要件を満たす検索機能を確保しておくこと

イ　取引年月日その他の日付、取引金額及び取引先を検索条件として設定できること

ロ　日付又は金額に係る記録項目については、その範囲を指定して条件を設定することができること

ハ　2以上の任意の記録項目を組み合わせて条件を設定できること

（注）　国税に関する法律の規定による電磁的記録の提示又は提出の要求に応じることができる場合には、ロとハの要件は不要です。その判定期間に係る基準期間の売上高が1,000万円以下の事業者が国税に関する法律の規定による電磁的記録の提示又は提出の要求に応じることができる場合には、検索機能のすべてが不要です。

　一方、適格請求書に係る電磁的記録を紙に印刷して保存しようとする場合には、整然とした形式及び明瞭な状態で出力しなければなりません。

┌─ 電子取引データ保存制度の改正 ─────────────────────

　令和5年度の税制改正により、令和6年1月1日以後にやりとりする電子取引データ（電磁的記録）については、次のように改正が行われていますので、十分ご注意ください。

(1)　検索機能のすべてを不要とする措置の対象者が見直されています。

　　税務調査の際に電子取引データのダウンロードの求め（調査担当者にデータのコピーを提供すること）に応じることができるようにしている場合、その検索機能のすべてを不要とする措置について、対象者が見直されました。

　　　イ　検索機能が不要とされる対象者の範囲が、基準期間の売上高が1,000万円以下の保存義務者から5,000万円以下の保存義務者に拡大されています。

　　　ロ　新たに対象者として「電子取引データをプリントアウトした書面を、取引年月日その他の日付及び取引先ごとに整理された状態で提示又は提出することができるようにしている保存義務者」が追加されています。

(2)　令和4年度の税制改正で措置されたゆうじょ措置（令和4年1月1日から令和5年12月31日までにおいては令和3年度の税制改正で義務化された電子取引データの保存をゆうじょする措置）は、適用期限をもって廃止されます。

　　　（注）　令和5年12月31日までにやり取りした電子取引データを「ゆうじょ措置」を適用して保存している場合、令和6年1月1日以後も保存期間が満了するまで、そのプリントアウトした書面を保存し続け、税務調査の際に提示又は提出できるようにしてください。

(3)　新たな猶予措置が整備されています。

　　次のイ及びロの要件のいずれも満たしている場合には、改ざん防止や検索機能など保存時に満たすべき改正後の要件に沿った対応は不要で、電子取引データを単に保存しておくことができることとされています。

　　　イ　保存時に満たすべき要件に従って電子取引データを保存することができなかったことについて、所轄税務署長が相当の理由があると認める場合（この場合、事前申請は不要です。）

　　　ロ　税務調査の際に、㋑電子取引データのダウンロードの求め及び㋺その電子取引データをプリントアウトした書面（整然とした形式及び明瞭な状態で出力されたもの）の提示又は提出の求めにそれぞれ応じることができるようにしている場合

(4)　電子取引データの保存を行う者などに関する情報の確認の要件（上記の例では❸の①の口にある確認者の要件）が廃止されています。

───────────────────────────────────

❹ 適格請求書及び適格簡易請求書の記載事項

(1) 適格請求書及び適格簡易請求書の記載事項

適格請求書及び適格簡易請求書の記載事項は、以下のとおりです。

なお、不特定多数の者に対して課税資産の譲渡等を行う小売業、飲食店業、写真業、旅行業、タクシー業、駐車場業を営む適格請求書発行事業者は、インボイスを受け取る顧客の氏名又は名称を省略し記載内容が簡略化された「適格簡易請求書」を交付することができます。

適格請求書

① 適格請求書発行事業者の氏名又は名称及び登録番号

② 取引年月日

③ 取引内容（課税資産の譲渡等が軽減対象資産の譲渡等である場合には、資産の内容及び軽減対象資産の譲渡等である旨）

④ 税率ごとに区分して合計した対価の額（税抜き又は税込み）及び適用税率

⑤ 税率ごとに区分した消費税額等（端数処理は一請求書当たり、税率ごとに１回ずつ）

⑥ 書類の交付を受ける事業者の氏名又は名称

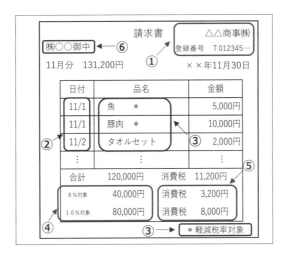

適格簡易請求書

① 適格請求書発行事業者の氏名又は名称及び登録番号

② 取引年月日

③ 取引内容（課税資産の譲渡等が軽減対象資産の譲渡等である場合には、資産の内容及び軽減対象資産の譲渡等である旨）

④ 税率ごとに区分して合計した対価の額（税抜き又は税込み）

⑤ 税率ごとに区分した消費税額等（端数処理は一請求書当たり、税率ごとに1回ずつ）又は適用税率

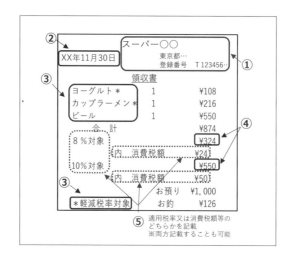

(2) 適格請求書及び適格簡易請求書の様式

　適格請求書及び適格簡易請求書の様式は、法令等では定められていません。

　適格請求書又は適格簡易請求書として必要な事項が記載された書類（請求書、納品書、領収書、レシート等）であれば、名称を問わず、また、手書きであっても、適格請求書又は適格簡易請求書に該当します。

　その際、適格請求書に記載する名称は、例えば、電話番号を記載するなどして、適格請求書を交付する事業者が特定できる場合であれば、屋号や省略した名称などを記載しても差し支えありません。

　令和5年9月30日までに交付する区分記載請求書等に登録番号を記載したり、適格請求書の記載事項を満たした請求書等を交付しても差し支えありません。例えば、適格請求書の発行に対応したレジシステム等に改修して、適格請求書の記載事項を満たした請求書等を発行する場合には、その請求書等は区分記載請求書等として必要な記載事項を満たしていますので、区分記載請求書等保存方式の期間に交付しても差し支えありません。

(3) 適格請求書に記載する消費税額等の端数処理

　適格請求書の記載事項である消費税額等に1円未満の端数が生じる場合は、一の適格請求書につき、税率ごとに1回の端数処理を行います。

　1円未満の端数を切り上げるのか、切り捨てるのか、四捨五入するのかなどの端数処理の方法は、課税事業者の任意の方法を採用することができます。

　ただ、一の適格請求書に記載されている個々の商品ごとに消費税額等を計算し、1円未満の端数処理を行い、その合計額を消費税額等として記載することは認められません。

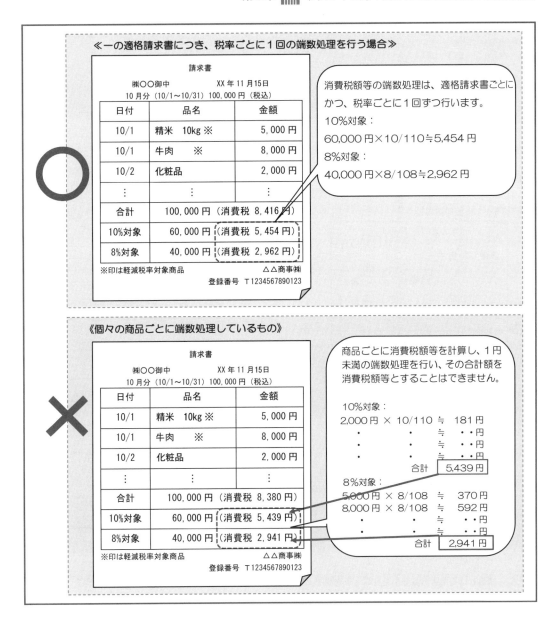

❺ 交付した適格請求書に誤りがあった場合の対応

　売手である適格請求書発行事業者は、交付した適格請求書、適格簡易請求書又は適格返還請求書（電磁的記録により提供した場合を含みます。）に記載誤りがあった場合には、買手である課税事業者に対して修正した適格請求書、適格簡易請求書又は適格返還請求書を交付しなければなりません。

　この場合の交付方法としては、
　イ　誤りがあった事項を訂正し、改めて記載事項のすべてを記載したものを交付し直す
　　方法

ロ 当初に交付したものとの関連性を明確にして、修正事項を明示したものを交付する方法

などがあります。

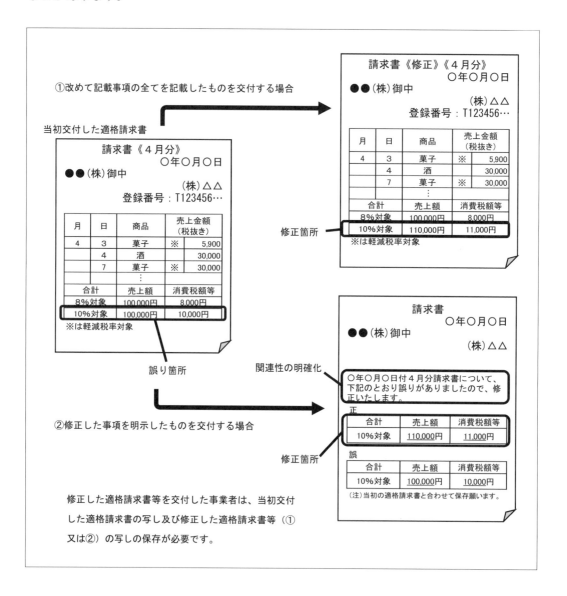

❻ 適格請求書等の交付義務免除

(1) 公共交通機関による運送などの適格請求書等の交付義務免除

バスの乗車料金や電車の切符など適格請求書等を交付することが困難な取引については、適格請求書等の交付義務が免除されます。次の取引が該当します。

① 公共交通機関である船舶、バス又は鉄道による旅客の運送（３万円未満のものに限ります。）

② 出荷者が卸売市場において行う生鮮食料品等の販売（出荷者から委託を受けた受託

者が卸売の業務として行うものに限ります。）

③　生産者が農業協同組合、漁業協同組合又は森林組合等に委託して行う農林水産物の販売（無条件委託方式かつ共同計算方式により生産者を特定せずに行うものに限ります。）

④　自動販売機・自動サービス機により行われる商品の販売等（３万円未満のものに限ります。）

⑤　郵便切手類を対価とする郵便・貨物サービス（郵便ポストに差し出されたものに限ります。）

⑵　公共交通機関の旅客運賃の判定

　　公共交通機関による旅客の運送が３万円未満かどうかは、１回の取引の税込価額が３万円未満かどうかで判定します。

　　したがって、１商品（切符１枚）ごとの金額や、月まとめ等の金額で判定することにはなりません。例えば、東京－新大阪間の新幹線の大人運賃が13,000円であり、４人分の運送役務の提供を行う場合には、４人分の52,000円で判定しますので、適格（簡易）請求書の交付義務は免除されません。

⑶　卸売市場を通じた委託販売

　　卸売市場法に規定する卸売市場において、卸売業者が卸売の業務として出荷者の委託を受けて行う生鮮食料品等の販売は、適格請求書を交付することが困難な取引として、出荷者から生鮮食料品を購入した事業者に対する適格請求書の交付義務が免除されます。

　　この取扱いの対象となる卸売市場は、次のとおりです。

　　イ　農林水産大臣の認定を受けた中央卸売市場

　　ロ　都道府県知事の認定を受けた地方卸売市場

　　ハ　イ及びロに準ずる卸売市場として農林水産大臣が財務大臣と協議して定める基準を満たす卸売市場のうち農林水産大臣の確認を受けた卸売市場

⑷　農協等を通じた委託販売

　　農業協同組合法に規定する農業協同組合や農事組合法人、水産業協同組合法に規定する水産業協同組合、森林組合法に規定する森林組合及び中小企業等協同組合法に規定する事業協同組合や協同組合連合会（以下「農協等」といいます。）の組合員その他の構成員が、農協等に対して、無条件委託方式でかつ共同計算方式による販売を委託した農林水産物の販売（その農林水産物の譲渡を行う者を特定せずに行うものに限ります。）は、適格請求書を交付することが困難な取引として、組合員等から購入者に対する適格請求書の交付義務が免除されます。

　　なお、無条件委託方式および共同計算方式とは、それぞれ、次のことをいいます。

イ　無条件委託方式

出荷した農林水産物について、売り値、出荷時期、出荷先等の条件を付けずに、その販売を委託すること

ロ　共同計算方式

一定の期間における農林水産物の譲渡に係る対価の額をその農林水産物の種類、品質、等級その他の区分ごとに平均した価格をもって算出した金額を基礎として精算すること

(5)　適格請求書の交付義務が免除される自動販売機や自動サービス機による商品の販売等

適格請求書の交付義務が免除される自動販売機及び自動サービス機により行われる税込価額が3万円未満の商品の販売等とは、代金の受領と資産の譲渡等が自動で行われる機械装置であって、その機械装置のみで、代金の受領と資産の譲渡等が完結するものをいいます。

したがって、例えば、自動販売機による飲食料品の販売のほか、コインロッカーやコインランドリー、自動マッサージ機等によるサービス、銀行ATMによる手数料を対価とする入出金サービスや振込サービスのように機械装置のみで代金の受領と資産の譲渡等が完結するものが該当します。

なお、スーパーマーケットのセルフレジのように単に精算のみが行われるものや、コインパーキングや自動券売機のように代金の受領と券類の発行はその機械装置で行われるものの資産の譲渡等は別途行われるようなもの及びネットバンキングのように機械装置で資産の譲渡等が行われないものは、自動販売機や自動サービス機による商品の販売等に含まれません。

❼　適格返還請求書の交付義務及び記載事項

(1)　適格請求書発行事業者は、課税事業者に返品や値引き等の売上げに係る対価の返還等を行う場合、適格返還請求書を交付しなければなりません。ただし、適格請求書の交付義務が免除されている取引（❻の(1)の取引）については、適格返還請求書の交付義務が免除されます。

適格返還請求書の記載事項は、次のとおりです。

①　適格請求書発行事業者の氏名又は名称及び登録番号

②　売上げに係る対価の返還等を行う年月日及びその売上げに係る対価の返還等の基となった課税資産の譲渡等を行った年月日（適格請求書を交付した売上げに係るものについては、課税期間の範囲で一定の期間の記載で差し支えありません。）

③　売上げに係る対価の返還等の基となる課税資産の譲渡等に係る資産又は役務の内容（売上げに係る対価の返還等の基となる課税資産の譲渡等が軽減対象資産の譲渡等で

ある場合には、資産の内容及び軽減対象資産の譲渡等である旨）
④ 売上げに係る対価の返還等の税抜価額又は税込価額を税率ごとに区分して合計した金額
⑤ 売上げに係る対価の返還等の金額に係る消費税額等又は適用税率

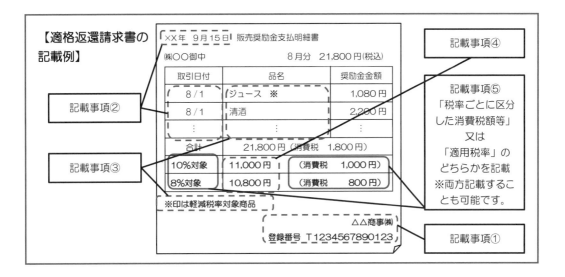

(2) 適格請求書と適格返還請求書を同一の書類で交付する場合

課税資産の譲渡等と売上げに係る対価の返還等を行った場合には、取引先に対し、適格請求書と適格返還請求書を交付する義務があります。

このように一の事業者に対して適格請求書と適格返還請求書を交付する場合においては、適格請求書と適格返還請求書それぞれに必要な記載事項を記載して、1枚の書類で交付することも可能です。

この場合、原則として、課税資産の譲渡等の金額と対価の返還等の金額のそれぞれを記載する必要がありますが、継続して、①課税資産の譲渡等の対価の額から売上げに係る対価の返還等の金額を控除した金額、及び②その金額に基づき計算した消費税額等を税率ごとに請求書等に記載する場合には、その記載をもって、必要な記載事項を満たすこともできます。

```
【対価の返還等を控除した後の金額を記載する場合】
                    請求書
㈱○○御中                      XX年 9月15日
        8月分 98,300円（税込）
           (8/1～8/31)
| 日付 | 品名      | 金額                      |
|------|-----------|---------------------------|
| 8/1  | ジュース ※ | 5,400円                   |
| 8/1  | 清酒      | 11,000円                  |
| 8/2  | ジュース ※ | 2,160円                   |
| ⋮    | ⋮         | ⋮                         |
| 合計 |           | 109,200円（消費税 9,200円） |
| 販売奨励金 |||
| 7/12 | ジュース ※ | 1,080円                   |
| ⋮    | ⋮         | ⋮                         |
| 合計 |           | 10,900円（消費税 900円）    |
| 請求金額 |       | 98,300円（消費税 8,300円）  |
| 10％対象 |       | 60,500円（消費税 5,500円）  |
| 8％対象  |       | 37,800円（消費税 2,800円）  |

※は軽減税率対象商品
                           △△商事㈱
                           登録番号 T1234567890123
```

継続的に、
① 課税資産の譲渡等の対価の額から売上げに係る対価の返還等の金額を控除した金額
及び
② その金額に基づき計算した消費税額等
を税率ごとに記載すれば記載事項を満たします。

(3) 1万円未満の適格返還請求書の特例

　売上げに係る対価の返還等に係る税込価額が1万円未満である場合には、適格返還請求書を交付しなくて差し支えありません。例えば、代金振込みの際、買手が振込手数料を差し引いて振り込んだ場合に、売手がその金額を売上値引として処理するときなどが該当します。

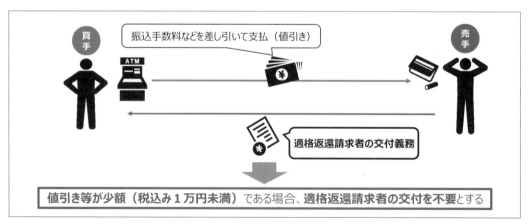

（財務省資料を基に作成）

　なお、差し引かれた振込手数料について、売手が支払手数料などの勘定科目で費用処理

する場合、買手には、その振込手数料について、適格請求書を交付することが求められます。ただし、銀行 ATM を利用して送金された場合は、自動サービス機による特例により適格請求書の交付義務免除の対象となります。

(注)　またこの場合、売手が中小事業者に該当するときは、65ページに掲げる課税仕入れの少額特例を利用できます。

❽ 適格請求書の交付方法の特例等（委託販売の場合）

　業務を委託する事業者（委託者）が媒介又は取次ぎに係る業務を行う者（媒介者等）を介して行う課税資産の譲渡等について、委託者及び媒介者等の双方が適格請求書発行事業者である場合には、一定の要件の下、媒介者等が、自己の氏名又は名称及び登録番号を記載した適格請求書を委託者に代わって交付することができます（媒介者交付特例）。

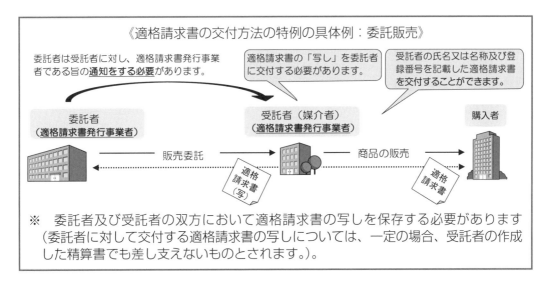

　委託者に交付する適格請求書の写しについては、例えば、複数の委託者の商品を販売した場合や、多数の購入者に対して日々適格請求書を交付する場合などで、コピーが大量になるなど、適格請求書の写しそのものを交付することが困難な場合には、適格請求書の写しと相互の関連が明確な、精算書等を交付することで差し支えありませんが、この場合には、交付した当該精算書等の写しを保存する必要があります。

　なお、精算書等には、適格請求書の記載事項のうち、「税率ごとに合計した対価の額（税抜き又は税込み）及び適用税率」や「消費税額等」など、委託者の売上税額の計算に必要な一定事項を記載する必要があります。

　また、適格請求書の交付方法について、売手とは異なる別の者（適格請求書発行事業者に限りません。）が、売手に代理して売手の氏名又は名称及び登録番号が記載された適格請求書を買手に対し交付する方法（代理交付）も認められます。

4 | 仕入税額控除の要件（買手側の留意点）

　適格請求書等保存方式では、適格請求書などの請求書等の交付を受けることが困難な一定の場合を除き、一定の事項を記載した帳簿及び適格請求書等の保存が仕入税額控除の要件とされています。

　適格請求書発行事業者以外の業者は、適格請求書等の発行や交付をすることができませんから、適格請求書発行事業者でない業者（免税事業者等）からの仕入れは課税仕入れとはなりません。

❶ 帳簿の記載事項

帳簿の記載事項は、次のとおりです。

① 　課税仕入れの相手方の氏名又は名称

② 　課税仕入れを行った年月日

③ 　課税仕入れの内容（軽減税率の適用対象である場合には、その旨）

④ 　課税仕入れに係る支払対価の額（消費税額等を含みます。）

帳簿に記載する課税仕入れの相手方の氏名又は名称は、取引先コード等の記号・番号等による表示で差し支えありません。

　また、課税仕入れに係る資産又は役務の内容についても、商品コード等の記号・番号等による表示で差し支えありませんが、この場合、課税資産の譲渡等であるか、また、軽減税率対象資産の譲渡等に係るものであるときは、軽減税率対象資産の譲渡等に係るものであるかの判別が明らかとなるものである必要があります。

❷ 請求書等の範囲

⑴ 　保存すべき請求書等とは

保存が必要となる請求書等には、以下のものが含まれます。

① 　適格請求書又は適格簡易請求書

② 　仕入明細書等（買手側が作成する書類で適格請求書の記載事項が記載されており、相手方の確認を受けたもの）

（注） 　②の場合、売手において課税資産の譲渡等に該当するものだけが対象となります。

③ 　次の取引について、媒介又は取次に係る業務を行う者が作成する一定の書類

　イ 　卸売市場において出荷者の委託を受けて卸売の業務として行われる生鮮食料品等の譲渡

　ロ 　農業協同組合、漁業協同組合又は森林組合等が生産者（組合員等）から委託を受

けて行う農林水産物の販売（無条件委託方式、かつ、共同計算方式によるものに限ります。）

④　①から③の書類に係る電磁的記録

(2)　提供された適格請求書に係る電磁的記録の書面による保存

適格請求書を電磁的記録で提供を受けた場合であっても、電磁的記録を整然とした形式及び明瞭な状態で出力した書面を保存することで、仕入税額控除の適用に係る請求書等の保存要件を満たします。

なお、所得税（源泉徴収に係る所得税を除きます。）及び法人税の保存義務者については、すべての電子取引の取引情報に係る電磁的記録を一定の要件のもと、保存しなければなりません。

(注)　令和6年1月1日以後の電子取引データの保存制度について、令和5年度の税制改正を中心に48ページにまとめていますので、参考にしてください。

(3)　仕入明細書等の相手方への確認について

(1)の②において、仕入明細書を請求書等とするための仕入明細書の相手方への確認方法は、例えば、次のようなものが該当します。

①　仕入明細書等への記載内容をファクシミリ等、通信回線等を通じて課税仕入れの相手方の端末機に出力し、確認の通信を受けた上で、自己の端末機から出力したもの

②　仕入明細書等に記載すべき事項に係る電磁的記録につきインターネットや電子メールなどを通じて課税仕入れの相手方へ提供し、相手方から確認の通知等を受けたもの

③　仕入明細書等の写しを相手方に交付し、又は仕入明細書等の記載内容に係る電磁的記録を相手方に提供した後、一定期間内に誤りのある旨の連絡がない場合には、記載内容のとおり確認があったものとする基本契約等を締結した場合におけるその一定期間を経たもの

(4)　課税期間の末日までに支払対価の額が確定しない場合について

適格請求書等保存方式の下で、例えば水道光熱費など、検針等に一定期間を要し、課税仕入れを行った課税期間の末日までに支払対価の額が確定しない課税仕入れについて、見積額で仕入税額控除を行う場合の取扱いについては、次の①又は②のとおりとなります。

なお、次の①又は②のいずれの場合も、その後確定した対価の額が見積額と異なるときは、その差額は、その確定した日の属する課税期間における課税仕入れに係る支払対価の額に加算し、又は当該課税仕入れに係る支払対価の額から控除します。

①　見積額が記載された適格請求書の交付を受ける場合

取引の相手方から見積額が記載された適格請求書の交付を受ける場合、これを保存することで見積額による仕入税額控除が認められます（注1）。

その後、確定額と見積額が異なる場合には、確定額が記載された適格請求書（対価の額を修正した適格請求書）の交付を受けた上で、これを保存する必要があります。

② 見積額が記載された適格請求書の交付を受けられない場合

　見積額が記載された適格請求書の交付を受けられない場合であっても、電気・ガス・水道水の供給のような継続して行われる取引（注2）については、見積額が記載された適格請求書や仕入明細書の保存がなくても、その後、金額が確定したときに交付される適格請求書を保存することを条件に、課税仕入れを行う事業者が課税期間の末日の現況により適正に見積もった金額で、仕入税額控除を行って差し支えありません。

（注）1 見積額を記載した仕入明細書を自ら作成し、相手方の確認を受けた場合は、これを保存することで見積額による仕入税額控除が認められます。確定額と見積額が異なる場合の取扱いは、上記と同様です。

　　　2 このほか、例えば、機械等の保守点検、弁護士顧問契約のように契約等に基づき継続的に課税資産の譲渡等が行われ、金額が確定した際に適格請求書の交付を受ける蓋然性の高い取引がこれに該当します。

❸ 帳簿のみの保存で仕入税額控除が認められる場合

(1) 請求書等の交付を受けることが困難な場合

　請求書等の交付を受けることが困難な次のような取引は、帳簿のみの保存で仕入税額控除が認められます。

① 適格請求書の交付義務が免除される3万円未満の公共交通機関による旅客の運送

　3万円以上の公共交通機関を利用した場合には、その利用に係る適格請求書の保存が仕入税額控除の要件となりますが、公共交通機関である鉄道事業者から適格簡易請求書の記載事項（取引年月日を除きます。）を記載した乗車券の交付を受け、その乗車券が回収される場合は、一定の事項を記載した帳簿のみの保存で仕入税額控除が認められます。

② 適格簡易請求書の記載事項（取引年月日を除きます。）が記載されている入場券等が、使用の際に回収される取引（①に該当するものを除きます。）

③ 古物営業法上の許可を受けて古物営業を営む古物商が適格請求書発行事業者でない者から古物（古物商が事業として販売する棚卸資産に該当するものに限ります。）を購入する取引

④ 質屋営業法に規定する質屋営業を営む質屋が、適格請求書発行事業者でない者から質物（質屋が事業として販売する棚卸資産に該当するものに限ります。）を取得する取引

⑤ 宅地建物取引業法に規定する宅地建物取引業者が、適格請求書発行事業者でない者から同法に規定する建物（宅地建物取引業者が事業として販売する棚卸資産に該当す

るものに限ります。）を購入する取引

⑥　再生資源卸売業その他不特定かつ多数の者から資源の有効な利用の促進に関する法律に規定する再生資源及び再生部品を購入する事業を営む事業者が、適格請求書発行事業者でない者から再生資源及び再生部品（購入する事業者が事業として販売する棚卸資産に該当するものに限ります。）を購入する取引

⑦　適格請求書の交付義務が免除される３万円未満の自動販売機及び自動サービス機からの商品の購入等

⑧　適格請求書の交付義務が免除される郵便切手類のみを対価とする郵便・貨物サービス（郵便ポストに差し出されるものに限ります。）

⑨　従業員等に支給する通常必要と認められる出張旅費、宿泊費、日当及び通勤手当等
帳簿のみの保存で仕入税額控除が認められる通常必要と認められる出張旅費、宿泊費、日当については、所得税基本通達９-３《非課税とされる旅費の範囲》に基づき判定しますので、所得税が非課税となる範囲内で、帳簿のみの保存で仕入税額控除が認められることになります。

一方、帳簿のみの保存で仕入税額控除が認められる通常必要と認められる通勤手当については、通勤に通常必要と認められるものであればよく、所得税法施行令第20条の２《非課税とされる通勤手当》で規定される非課税とされる通勤手当の金額を超えているかどうかは問いません。

(注)　適格請求書等保存方式の導入前においては、「３万円未満（税込み）の課税仕入れ」及び「請求書等の交付を受けなかったことにつきやむを得ない理由があるとき」は、法定事項が記載された帳簿の保存のみで仕入税額控除が認められる旨が規定されていますが、適格請求書等保存方式の導入後は、これらの規定は廃止されます。

⑵　帳簿のみの保存で仕入税額控除が認められる場合の帳簿への一定の記載事項

⑴の請求書等の交付を受けることが困難な取引につき仕入税額控除の適用を受けるために必要な帳簿の記載事項は、通常必要な記載事項に加えて、次の事項を記載する必要があります。

①　帳簿のみの保存で仕入税額控除が認められるいずれかの仕入れに該当することを記載します。例えば、

イ　⑴の①に該当する場合には、「３万円未満の鉄道料金」と記載します。

ロ　⑴の②に該当する場合には、「入場券等」と記載します。

②　仕入れの相手方の住所又は所在地を記載します。ただし、次の場合は記載する必要がありません。

イ　適格請求書の交付義務が免除される３万円未満の公共交通機関（船舶、バス又は鉄道）による旅客の運送の場合は、その運送を行った者

ロ　適格請求書の交付義務が免除される郵便役務の提供の場合は、その郵便役務の提供を行った者

ハ　課税仕入れに該当する出張旅費等（出張旅費、宿泊費、日当及び通勤手当）を支払った場合のその出張旅費等を受け取った使用人等

ニ　(1)の③から⑥までの課税仕入れ（③から⑤までの課税仕入れについては、古物営業法、質屋営業法又は宅地建物取引業法により、業務に関する帳簿等に相手方の氏名及び住所を記載することとされているもの以外のものに限り、⑥の課税仕入れについては、事業者以外の者から受け取るものに限ります。）を行った場合のその課税仕入れの相手方

⑶　免税事業者からの仕入れに係る経過措置

　適格請求書等保存方式の導入後は、免税事業者や消費者など、適格請求書発行事業者以外の者から仕入れた場合、仕入税額控除のために保存が必要な適格請求書等の交付を受けることができないことから、仕入税額控除を行うことはできません。

　ただし、令和５年９月30日まで適用される区分記載請求書等と同様の事項が記載された請求書等を保存し、帳簿にこの経過措置の適用を受ける旨が記載されている場合には、次の表のとおり、一定の期間は、仕入税額相当額の一定割合を仕入税額として控除できる経過措置が設けられています。

期　　　　　　間	割　　　合
令和５年10月１日から令和８年９月30日まで	仕入税額相当額の80％
令和８年10月１日から令和11年９月30日まで	仕入税額相当額の50％

　仕入税額相当額の80％又は50％が仕入税額控除できるということですから、税抜経理の場合、仕入税額相当額の80％又は50％が仮払消費税額となり、残額が本体価格ということになります。したがって、適格請求書発行事業者でない者（免税事業者等）から課税仕入れをした場合の仕訳は次のようになります。

（例）　適格請求書発行事業者でない一人親方に外注費を110万円支払った場合（税抜経理方式）

①　令和５年９月30日まで

外注費	1,000,000	現金預金	1,100,000
仮払消費税額	100,000		

②　令和５年10月１日から令和８年９月30日まで（経過措置割合80％）

外注費	1,020,000	現金預金	1,100,000
仮払消費税額	80,000		

③　令和８年10月１日から令和11年９月30日まで（経過措置割合50％）

外注費	1,050,000		現金預金	1,100,000
仮払消費税額	50,000			

④　令和11年10月１日から（経過措置割合０％）

外注費	1,100,000		現金預金	1,100,000

　なお、この経過措置の制度の適用を受けるためには、次の事項が記載された帳簿及び請求書等の保存が要件とされています。

①　帳簿

　区分記載請求書等保存方式の記載事項に加え、例えば、「80％控除対象」など経過措置の適用を受ける課税仕入れである旨を記載しなければなりません。

　具体的には、次の事項を記載します。

イ　課税仕入れの相手方の氏名又は名称

ロ　課税仕入れを行った年月日

ハ　課税仕入れに係る資産又は役務の内容（課税仕入れが他の者から受けた軽減対象資産の譲渡等に該当する場合には、資産の内容及び軽減対象資産の譲渡等に係るものである旨）及び経過措置の適用を受ける課税仕入れであること

　　経過措置の適用を受ける課税仕入れである旨の記載の仕方は、個々の取引ごとに「80％控除対象」や「免税事業者からの仕入れ」などと記載しますが、経過措置の適用対象となる取引に「※」や「★」といった記号や番号を表示して、これらの記号や番号が経過措置の適用を受ける課税仕入れであることを別途「※（又は★）は80％控除対象」などと表示する方法も認められます。

ニ　課税仕入れに係る支払対価の額

②　請求書等

　区分記載請求書等と同様の記載事項が必要です。具体的には、次の事項を記載します。

イ　書類の作成者の氏名又は名称

ロ　課税資産の譲渡等を行った年月日

ハ　課税資産の譲渡等に係る資産又は役務の内容（課税資産の譲渡等が軽減対象資産の譲渡等である場合には、資産の内容及び軽減対象資産の譲渡等である旨）

ニ　税率ごとに合計した課税資産の譲渡等の税込価額

ホ　書類の交付を受けるその事業者の氏名又は名称

　なお、適格請求書発行事業者以外の者から受領した請求書等の内容について、ハのかっこ書の「資産の内容及び軽減対象資産の譲渡等である旨」及びニの「税率ごとに合計した課税資産の譲渡等の税込価額」が記載されていない場合に限り、請求書等の受領者が自ら請求書等に追記して保存することが認められます。

(4) 控除対象消費税額計算上の経過措置（80％又は50％）を乗ずるタイミング

　適格請求書等保存方式の導入後（令和5年10月1日以後）6年間は、免税事業者や消費者など、適格請求書発行事業者以外の者から仕入れた場合でも、経過措置として仕入税額相当額の80％又は50％を仕入税額控除することができますが、控除対象消費税額を個別対応方式で計算する場合には、課税売上げに対応する課税仕入れに係る消費税額等と課税売上げと非課税売上げに共通する課税仕入れに係る消費税額等とは、それぞれ経過措置の控除割合（80％又は50％）を乗じた後で算定します。

　例えば、経過措置の控除割合が80％で課税期間の課税売上割合が70％の場合、

仕入先の区分	課税仕入れの金額：税込金額（かっこ内は消費税等の額）		
	課税売上対応の課税仕入れ	共通対応の課税仕入れ	非課税売上対応の課税仕入れ
適格請求書発行事業者からの仕入れ	1,100（うち100）	2,200（うち200）	440（うち40）
免税事業者等からの仕入れで経過措置適用	550（うち50）	1,100（うち100）	110（うち10）

　イ　課税仕入れに係る消費税額等

適格請求書発行事業者からの仕入れ	100	200	40
免税事業者等からの仕入れで経過措置適用	50×80％＝40	100×80％＝80	10×80％＝8

　ロ　個別対応方式による仕入控除税額

適格事業者＋免税事業者の控除税額	100＋40＝140	(200＋80)×70％＝196	合計 140＋196＝336

と計算します。

　なお、一括比例配分方式で控除対象消費税額を計算する場合には、免税事業者等からの課税仕入れに係る消費税額等に経過措置の控除割合（80％又は50％）を乗じて求めた税額を適格請求書発行事業者からの課税仕入れに係る消費税額等に加えた金額に課税売上割合を乗じて計算します。

（計算式）

$$
\begin{pmatrix} 一括比例配分方式 \\ の場合の控除対象 \\ 消費税額 \end{pmatrix} = \begin{pmatrix} 適格請求書発行 \\ 事業者からの課 \\ 税仕入れに係る \\ 消費税額等 \end{pmatrix} + \begin{pmatrix} 免税事業者等からの課税仕入 \\ れに係る消費税額等に経過措 \\ 置の控除割合〔80％又は50％〕 \\ を乗じて求めた税額 \end{pmatrix} × 課税売上割合
$$

(5) 中小事業者に対する課税仕入れの少額特例

　適格請求書等保存方式では、少額な取引であっても適格請求書等の保存が求められ、それが仕入税額控除の要件となっていますが、基準期間における課税売上高が1億円以下又は特定期間の課税売上高（前年又は前事業年度開始の日以後6か月の間の課税売上高）が5,000万円以下である事業者については、令和5年10月1日から令和11年9月30日の間に行う支払対価の額が1万円未満の課税仕入れについて、適格請求書等の保存がなくても帳簿のみの保存で仕入税額控除ができることとされています。なお、支払対価の額が1万円未満かどうかは1取引単位で税込みで判定します。

（注）　月まとめの請求書のように、複数の取引をまとめた単位により判定することにはなりません。

❹ 経費を立替払いしてもらった場合の適格請求書について

　事業者が取引先に経費の立替払いをしてもらった場合、立替えをした取引先宛てに交付された適格請求書を保存していても、その事業者は仕入税額控除をすることができません。

　この場合、経費を立替払いしてもらった取引先から受け取る立替金精算書等で、事業者が課税仕入れを行ったことが明らかになる場合には、立替えをした取引先宛てに交付された適格請求書と立替金精算書等を保存することで、事業者は経費の支払先からの課税仕入れに係る請求書等の保存要件を満たすことになります。

　また、立替えをした取引先が適格請求書発行事業者以外の事業者であったとしても、経費の支払先が適格請求書発行事業者であれば、事業者は仕入税額控除をすることができます。

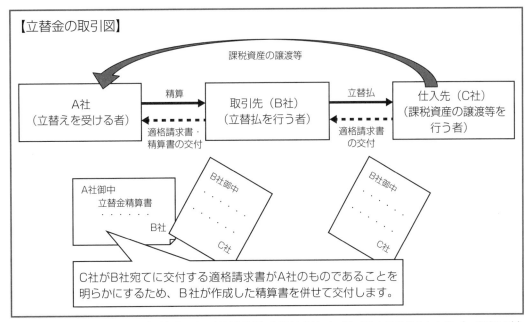

（国税庁「消費税の仕入税額控除における適格請求書等保存方式に関するQ&A」より（一部加工））

❺ 令和5年10月1日前後の取引に係る適用関係

　令和5年10月1日から消費税等の税額計算が適格請求書等保存方式に変更されますが、この場合には、課税事業者である買手は、仕入税額控除の要件として、原則として、課税仕入れ等に係る帳簿及び適格請求書等を保存しなければなりません。この制度は、令和5年10月1日以後に売手が行う課税資産の譲渡等及び買手が行う課税仕入れに適用されます。

　この場合例えば、工場に新しい機械装置を設置するに当たり、売手であるメーカーが出荷基準により令和5年9月中に課税売上げを計上し、買手側が検収後である令和5年10月に課税仕入れを計上するといったように、一つの取引において売手の売上げの計上時期と買手の仕入れ等の計上時期が同日とならない場合が想定されます。

　このように売手の課税売上げの計上が令和5年10月よりも前になる場合には、売手としては、適格請求書等保存方式の開始前の取引であるため、買手側から適格請求書を発行するよう要求されても、これに応える義務はありませんが、一方、買手側においても、区分記載請求書等保存方式によって仕入税額控除の適用を受けることが認められます。

　なお、令和5年9月30日以前に行った取引であっても、売手は適格請求書の記載内容を満たした請求書等を交付することができます。

　また、短期の前払費用の取扱いの適用を受ける場合、短期前払費用に係る取引の売手における課税売上げの計上時期が令和5年10月1日以後であっても、買手側において令和5年9月30日までに課税仕入れを計上しているときには、区分記載請求書等保存方式により仕入税額控除をすることができます。

❻ 所有権移転外ファイナンスリース取引で賃借人が賃貸借処理（分割経理）した場合の適格請求書の保存

　所有権移転外ファイナンスリース取引については、税務上リース資産の譲渡として取り扱われますから、所有権移転外リース取引によってリース資産を賃借した賃借人は、リース資産の引渡しを受けた日の属する課税期間の課税仕入れとしてリース総額を一括して課税仕入れとすることが原則です。

　ところが、所有権移転外ファイナンスリース取引について、賃借人が賃貸借処理（通常の賃貸借取引に準じた会計処理）をして、各課税期間において賃借料を分割計上している場合には、リース資産の譲渡時の一時の課税仕入れとするのではなく、そのリース料を支払うべき日の属する課税期間の課税仕入れとして分割控除して差し支えないこととされています。

　この場合、所有権移転外ファイナンスリース取引の適格請求書は、リース資産の引渡しが行われたときにリース取引の全額が記載された適格請求書が交付されます。賃借人が所有権移転外ファイナンスリース取引について賃貸借処理（通常の賃貸借取引に準じた会計

処理）をして、各課税期間において賃借料を分割計上している場合には、リース資産の引渡しを受けたときに交付を受けたリース取引の全額が記載された適格請求書を保存することで、そのリース料について支払うべき日の属する課税期間ごとに計上した課税仕入れに係る仕入税額控除の適用要件を満たすこととなります。

第4章

適格請求書等保存方式(インボイス方式)における税額計算

第4章 適格請求書等保存方式（インボイス方式）における税額計算

　第4章では、適格請求書等保存方式（インボイス方式）における消費税額の計算方法について説明します。

　納付すべき消費税額を計算するためには、課税売上げに係る消費税額から課税仕入れに係る消費税額を控除します。

　消費税率は、標準税率（10％）と軽減税率（8％）の複数税率となっていることから、納付すべき消費税額を計算する場合には、売上げと仕入れ（経費の支出や資産の購入を含みます。）を税率ごとに区分して別々に計算する必要があります。

　課税売上げに係る消費税額と課税仕入れに係る消費税額の計算方法は、次のとおりです。

❶ 課税売上げに係る消費税額の計算

(1) 原則（割戻し計算）

　8％と10％の税率ごとに区分した課税期間中の課税売上げの合計額（税込み）に、108分の100又は110分の100を乗じて税率ごとの課税標準額を算出し、それぞれの税率（6.24％又は7.8％）を乗じて課税売上げに係る消費税額を算出します。

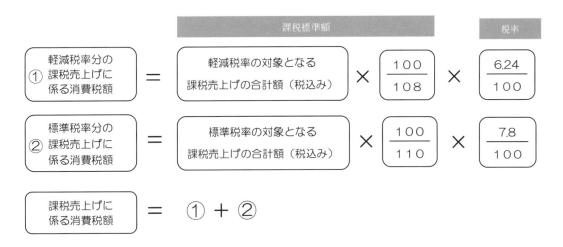

(2) 特例（積上げ計算）

　取引の相手方に交付した適格請求書又は適格簡易請求書（以下これらを合わせて「適格請求書等」といいます。）の写しを保存している場合（適格請求書等に係る電磁的記録を保存している場合を含みます。）には、課税期間中のこれらの書類に記載した消費税額等の合計額に100分の78を乗じて算出した金額を課税売上げに係る消費税額とすることができます。

　なお、課税売上げに係る消費税額を「積上げ計算」により計算した場合、課税仕入れに係る消費税額も「積上げ計算」により計算しなければなりません。

$$\boxed{\text{課税売上げに}\atop\text{係る消費税額}} = \boxed{\text{適格請求書等に記載した}\atop\text{消費税額等の合計額}} \times \boxed{\dfrac{78}{100}}$$

　積上げ計算による売上税額の計算の特例は、少額の売上げを大量に繰り返す小売業者に適した方法であるといわれていますが、適格簡易請求書を発行している課税事業者の場合、適格簡易請求書の記載事項は、「適用税率又は税率ごとに区分した消費税額等」であるため、「適用税率」のみを記載して交付する場合には、税率ごとの消費税額等が記載されていないため、積上げ計算を行うことはできません。

　また、課税売上げに係る消費税額の計算は、取引先ごとに割戻し計算と積上げ計算を分けて適用するなど、併用することも認められます。

❷ 課税仕入れに係る消費税額の計算

(1)　原則①（請求書等積上げ計算）

　取引の相手方から交付を受けた適格請求書などの請求書等（提供を受けた電磁的記録を含みます。）に記載されている消費税額等のうち課税仕入れに係る部分の金額の合計額に、100分の78を乗じて課税仕入れに係る消費税額を算出します（請求書等積上げ計算）。

$$\boxed{\text{課税仕入れに}\atop\text{係る消費税額}} = \boxed{\text{請求書等に記載された}\atop{\text{消費税額等のうち課税仕入れ}}\atop\text{に係る部分の金額の合計額}} \times \boxed{\dfrac{78}{100}}$$

(2)　原則②（帳簿積上げ計算）

　課税仕入れの都度、課税仕入れに係る支払対価（税込み）の額に108分の8（軽減税率の取引）又は110分の10（標準税率の取引）を乗じて算出した金額（1円未満の端数は、切捨て又は四捨五入します。）を仮払消費税額等として帳簿に記載している場合には、その金額の合計額に100分の78を乗じて算出する方法も認められます（帳簿積上げ計算）。

　この場合、例えば、月まとめで請求書等が交付される場合には、請求書等が交付された都度、月まとめで帳簿に仮払消費税額等として計上することも認められます。

　なお、受け取った適格簡易請求書に適用税率だけが書かれており、消費税額等が記載されていない場合には、適格請求書に記載する消費税額等と同様の方法により計算した金額のうち、課税仕入れに係る部分の金額を基として課税仕入れに係る消費税額を計算します。

　したがって、適格簡易請求書に記載された金額が税込金額の場合は、その金額に108分の8（軽減税率の取引）又は110分の10（標準税率の取引）を乗じて消費税額等を算出し、その金額を基礎として課税仕入れに係る消費税額の積上げ計算を行います。

(3) 特例（割戻し計算）

　税率ごとに区分した課税期間中の課税仕入れ等（税込み）の合計額に、108分の6.24（軽減税率の取引）又は110分の7.8（標準税率の取引）を乗じて算出した金額を課税仕入れに係る消費税額とすることができます。

　なお、この方法により課税仕入れに係る消費税額を計算することができるのは、課税売上げに係る消費税額を割戻し計算している場合に限られます。

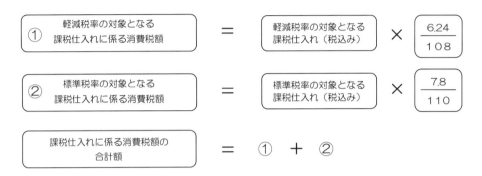

　課税仕入れに係る消費税額を計算する場合、(1)の請求書等積上げ計算と(2)の帳簿積上げ計算を併用することは認められますが、これらの方法と(3)の割戻し計算を併用することは認められません。

　課税売上げに係る消費税額と課税仕入れに係る消費税額の計算方法の組合せは、次のとおりです。

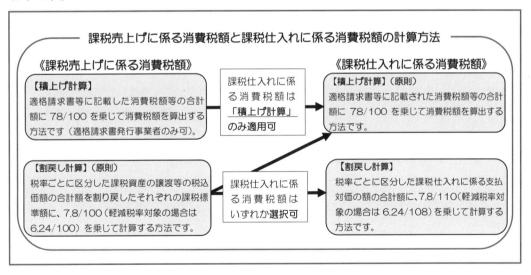

　例えば、小売業と卸売業を兼業している事業者が、小売業に係る売上税額を積上げ計算で算出し、卸売業に係る売上税額を割戻し計算で算出するという併用は認められますが、その場合でも、仕入税額は積上げ計算で算出することになり、割戻し計算を適用すること

は認められません。

❸ 小規模事業者に対する納税額の負担軽減措置

従来、免税事業者であった事業者について、インボイス制度の下、適格請求書発行事業者としての課税事業者に移行する場合、その円滑な移行のための次のような負担軽減措置が設けられています。

(1) 小規模事業者に対する納税額の負担軽減措置の概要

免税事業者が適格請求書発行事業者に登録した場合に、消費税等を申告したことがない事業者の消費税申告等の事務負担や消費税分の急な価格転嫁などが免税事業者が課税事業者となることに対する障害とならないように、小規模事業者に対する納税額の負担軽減措置が設けられました。

すなわち、免税事業者が適格請求書発行事業者となることを選択した場合、又は、免税事業者が課税事業者選択届出書を提出したことにより事業者免税点制度の適用を受けられないこととなる場合には、令和5年10月1日から令和8年9月30日の日を含む各課税期間における課税標準額に対する消費税額から控除する金額を、その課税標準額に対する消費税額に8割を乗じた額とすることにより、納付税額をその課税標準額に対する消費税額の2割とすることができます。

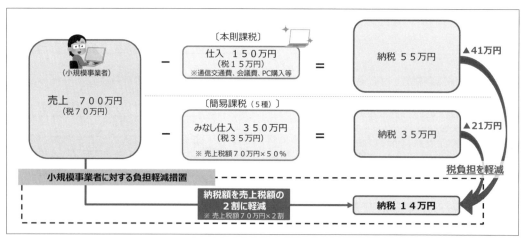

(財務省ホームページより)

(2) 制度を適用できない場合

(1)の制度は、課税期間の短縮特例の適用を受ける課税期間及び令和5年9月30日までに課税事業者選択届出書を提出することで、引き続き事業者免税点制度の適用を受けられないこととなる令和5年10月1日を含む課税期間については適用されません。その他、基準期間における課税売上高が1,000万円を超える場合や特定期間における課税売上高による

納税義務の免除の特例を受ける場合など、適用できない場合があります。

ただ、課税事業者選択届出書を提出したことにより、令和5年10月1日を含む課税期間から事業者免税点制度の適用を受けられないこととなる適格請求書発行事業者が、その課税期間中に課税事業者選択不適用届出書を提出したときは、その課税期間からその課税事業者選択届出書は効力を失うこととされ、(1)の制度の適用を受けることができます。

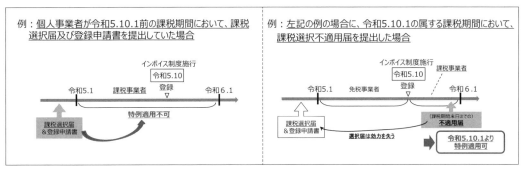

(財務省資料を基に作成)

(3) 制度の適用手順等

適格請求書発行事業者が、(1)の制度の適用を受けようとする場合には、消費税等の確定申告書（一般用・簡易課税用ともに）にその旨を記載すればよく、届出書等を提出する必要はありません。具体的には、消費税等の確定申告書第一表の右側の「税額控除に係る経過措置の適用（２割特例）」欄に「適用」の○印を入れるだけで足ります。また、税額の計算には、付表６を用います。

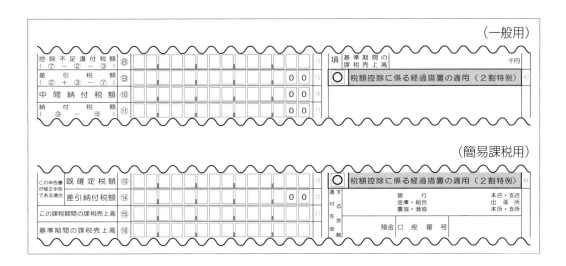

また、(1)の制度の適用を受けた適格請求書発行事業者が、その適用を受けた課税期間の翌課税期間中に簡易課税制度の適用を受ける旨の届出書を納税地を所轄する税務署長に提出した時は、その提出した日の属する課税期間から簡易課税制度の適用を受けることがで

きます。

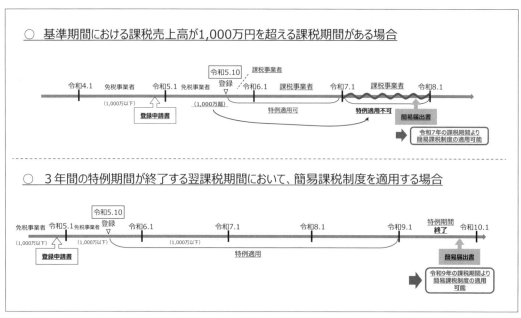

(財務省資料を基に作成)

(4) 税額の計算方法

(1)の制度を適用する場合には、令和5年10月1日から令和8年9月30日の日を含む各課税期間における課税標準額に対する消費税額から控除する金額を、その課税標準額に対する消費税額に8割を乗じた額（特別控除税額）とすることにより、納付税額をその課税標準額に対する消費税額の2割とすることができます。

つまり、その課税期間のみなし仕入率が80％（第二種）である場合の簡易課税制度と同じ計算方法となります。

実務においては、消費税等の確定申告書付表6「税率別消費税額計算表〔小規模事業者に係る税額控除に関する経過措置を適用する課税期間用〕」を利用して「Ⅱ　控除対象仕入税額とみなされる特別控除税額」の「⑦特別控除税額」欄に「⑥控除対象仕入税額の計算の基礎となる消費税額」欄の金額の80％の金額を記入して控除対象仕入税額とします。

第4章 適格請求書等保存方式（インボイス方式）における税額計算

付表6 税率別消費税額計算表
〔小規模事業者に係る税額控除に関する経過措置を適用する課税期間用〕

特 別

課 税 期 間	・ ・ ～ ・ ・	氏 名 又 は 名 称	

I 課税標準額に対する消費税額及び控除対象仕入税額の計算の基礎となる消費税額

区　　　　　　　分		税 率 6.24 ％ 適 用 分 A	税 率 7.8 ％ 適 用 分 B	合　　　計　　　C (A＋B)
課 税 資 産 の 譲 渡 等 の 対 価 の 額	①	※第二表の⑤欄へ　　　　　　　円	※第二表の⑥欄へ　　　　　　　円	※第二表の⑦欄へ　　　　　　　円
課 税 標 準 額	②	①A欄（千円未満切捨て） 000	①B欄（千円未満切捨て） 000	※第二表の①欄へ 000
課 税 標 準 額 に 対 す る 消 費 税 額	③	（②A欄×6.24/100） ※第二表の⑮欄へ	（②B欄×7.8/100） ※第二表の⑯欄へ	※第二表の⑪欄へ
貸 倒 回 収 に 係 る 消 費 税 額	④			※第一表の③欄へ
売 上 対 価 の 返 還 等 に 係 る 消 費 税 額	⑤			※第二表の⑰、⑱欄へ
控 除 対 象 仕 入 税 額 の 計 算 の 基 礎 と な る 消 費 税 額 （ ③ ＋ ④ － ⑤ ）	⑥			

II 控除対象仕入税額とみなされる特別控除税額

項　　　　　　　目		税 率 6.24 ％ 適 用 分 A	税 率 7.8 ％ 適 用 分 B	合　　　計　　　C (A＋B)
特 別 控 除 税 額 （ ⑥ × 80 ％ ）	⑦			※第一表の④欄へ

III 貸倒れに係る税額

項　　　　　　　目		税 率 6.24 ％ 適 用 分 A	税 率 7.8 ％ 適 用 分 B	合　　　計　　　C (A＋B)
貸 倒 れ に 係 る 税 額	⑧			※第一表の⑥欄へ

第5章

消費税等の経理処理

第5章　消費税等の経理処理

第5章では、消費税等の経理処理と消費税等に関する法人税の取扱い、控除対象外消費税額等の処理方法について説明します。

1　消費税等の経理処理

消費税等の経理処理の方法として、税抜経理方式と税込経理方式の二つの方法があります。

❶　税抜経理方式について

税抜経理方式とは、消費税及びその消費税額を課税標準として課されるべき地方消費税（以下「消費税等」といいます。）の額とその消費税等に係る取引の対価の額（本体価格）とを区分して経理する方法をいいます。

税抜経理方式の場合、売上げ、仕入れ等に係る消費税額等をその売上金額や仕入金額等に含めないで、仮受消費税等、仮払消費税等として別に経理します。

個々の取引に係る消費税等の額を本体価格と区分しなければなりませんので、経理処理上の負担はありますが、消費税等の額が単なる通過勘定として処理されるため、原則として法人の損益計算に影響しません。

（参考）　税抜経理方式による仕訳の例				
（取引）	（借方）		（貸方）	
①　売上げ	売掛金	1,100,000	売上げ	1,000,000
			仮受消費税等	100,000
②　仕入れ	仕入れ	600,000	買掛金	660,000
	仮払消費税等	60,000		
③　経費の支出	燃料費	50,000	未払金	55,000
	仮払消費税等	5,000		
④　資産の取得	建物	20,000,000	未払金	22,000,000
	仮払消費税等	2,000,000		

❷　税込経理方式について

税込経理方式とは、消費税等の額とその消費税等に係る取引の対価の額（本体価格）とを区分しないで経理する方法をいいます。

税込経理方式の場合、売上げ、仕入れ等に係る消費税等の額をその売上金額や仕入金額

等に含めて経理します。

　個々の取引に係る消費税等の額を本体価格と区分する必要がないので、経理処理上の負担は軽減されますが、消費税等の額が損益勘定を通りますので、法人の損益計算に影響を与えます。

（参考）　税込経理方式による仕訳の例

	（取引）	（借方）		（貸方）	
①	売上げ	売掛金	1,100,000	売上げ	1,100,000
②	仕入れ	仕入れ	660,000	買掛金	660,000
③	経費の支出	燃料費	55,000	未払金	55,000
④	資産の取得	建　物	22,000,000	未払金	22,000,000

2　消費税等の経理処理に関する法人税の取扱い

❶　税抜経理方式と税込経理方式の選択

(1)　原則

　法人税の課税所得金額の計算上、法人が行う取引に係る消費税等の経理処理について、税抜経理方式と税込経理方式のどちらを選択してもかまいませんが、原則として、選択した方式はすべての取引に適用しなければなりません。

(2)　併用方式

　売上げ等の収益取引に税抜経理方式を適用している場合には、特例として、固定資産、繰延資産及び棚卸資産（以下「固定資産等」といいます。）の取引又は販売費、一般管理費（以下「経費等」といいます。）の支出取引のいずれかについては税込経理方式を選択することができます。

（参考）　税抜経理方式と税込経理方式の選択適用一覧表

　法人税における税抜経理方式と税込経理方式の選択適用は、次のとおりです。

グループ／経理処理方式			売上げ等の収益に係る取引	固定資産等の取得に係る取引		経費等の支出に係る取引
				固定資産及び繰延資産	棚卸資産	
税込経理方式			税込み			
税抜経理方式	原則		税抜き			
	特例（併用）	①	税抜き	税抜き		税込み
		②		税込み		税抜き
		③		税抜き	税込み	税込み
		④				税抜き
		⑤		税込み	税抜き	税込み
		⑥				税抜き

⑶　期末一括税抜経理方式

　税抜経理方式による経理処理は、原則として取引の都度行いますが、期中は税込経理しておき、期末に一括して税抜経理する方法も認められます。

⑷　免税事業者等の消費税等の処理

　消費税等の納税義務が免除されている法人や消費税等が課税されないこととされている取引のみを行う法人は、たとえ法人が消費税等の経理処理について税抜経理方式を選択している場合であっても、法人の課税所得金額の計算に当たっては、税込経理方式を適用しなければなりません。

　なお、免税事業者に該当する事業者が「消費税課税事業者選択届出書」を所轄税務署長に提出して、課税事業者となることを選択した場合には、課税事業者として税抜経理方式を選択することができます。

❷　税抜経理方式を適用している場合の仮払消費税等と仮受消費税等の清算

　法人が税抜経理方式を適用している場合には、課税期間終了時の仮受消費税等の合計金額から仮払消費税等の合計金額を差し引いた金額が、申告により納付することとなる消費税額等の額又は還付される消費税額等の額と原則として一致します。

　ただ、控除対象外消費税額等がある場合や簡易課税制度を適用する場合などは、一致しません。控除対象外消費税額等の処理方法は、❸を参照してください。簡易課税制度を適用したことによる不一致額は、その課税期間を含む事業年度の益金又は損金の額に算入します。

❸　税込経理方式を適用している場合の納付すべき消費税額等の処理方法

　税込経理方式を適用している場合には、納付すべき消費税等の額は、消費税等の確定申告書を提出した日の属する事業年度に租税公課として損金の額に算入します。また、更正

又は決定処分を受けた場合には、その処分を受けた日の属する事業年度の損金の額に算入します。

　ただし、法人が申告期限未到来の消費税等申告書に記載すべき消費税等の額を損金経理により未払計上した場合には、損金経理した事業年度の損金の額に算入することができます。

❹　税込経理方式を適用している場合の受ける還付消費税額等の処理方法

　税込経理方式を適用している場合には、還付される消費税等の額は、消費税等の確定申告書を提出した日の属する事業年度に雑収入として益金の額に算入します。

　ただし、法人が申告期限未到来の消費税等申告書に記載すべき還付消費税等の額を未収計上した場合には、その事業年度の益金の額に算入されます。

3　控除対象外消費税額等の処理等

❶　控除対象外消費税額等とは

　納付すべき消費税額等の額を計算する場合に、課税仕入れ等に係る消費税額等の額の全額を控除することができずに、仕入税額控除の対象とならない税額（控除対象外消費税額等）が生じることがあります。税抜経理方式を採用している場合には、この控除対象外消費税額等に相当する金額の仮払消費税等勘定が残ることになります。

　控除対象外消費税額等は、法人が適用する納付すべき消費税等の額の計算方法に応じて、次のとおり計算されます。

❷　原則課税方式の場合の控除対象外消費税額等の計算

　納付すべき消費税等の額を簡易課税でなく原則課税で計算している場合には、

　①　その課税期間の課税売上高が５億円以下で、

　②　その課税期間の課税売上割合が95％以上

である場合には、課税仕入れに係る消費税額等や保税地域からの課税貨物の引取りに係る消費税額の全額が控除されます。

　この①及び②のいずれかを満たさない場合には、課税仕入れに係る消費税額等や保税地域からの課税貨物の引取りに係る消費税額の全額が控除されないことから、控除漏れとなった控除対象外消費税額等が生じます。

　控除対象外消費税額等は、課税仕入れ等の計算方式によって次のとおり算出されます。

⑴　個別対応方式の場合

　個別対応方式による控除対象外消費税額等は、次の算式で計算されます。

　まず、課税資産の譲渡等にのみ要する課税仕入れ等（課税売上対応分）に係る消費税額

等は全額控除されます。非課税資産の譲渡等にのみ要する課税仕入れ等（非課税売上対応分）に係る消費税額等は全額控除されません。また、課税資産の譲渡等と非課税資産の譲渡等に共通して要する課税仕入れ等（共通対応分）に係る消費税額等は、その金額にその課税期間の課税売上割合を乗じて計算した金額が控除されます。

　こうして、控除されなかった金額が控除対象外消費税額等となります。

控除対象外消費税額等 ＝ 非課税資産の譲渡等にのみ要する課税仕入れ等に係る消費税額等 ＋ ［課税資産の譲渡等と非課税資産の譲渡等に共通して要する課税仕入れ等に係る消費税額等の額］×（1－課税売上割合）

（図解）―課税売上割合が80％の場合―

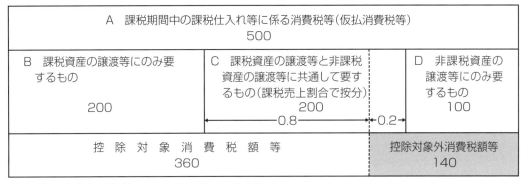

控除対象外消費税額等＝D＋C×（1－0.8）
　　　　　　　　　　＝100＋200×0.2
　　　　　　　　　　＝140

(2)　一括比例配分方式の場合

　一括比例配分方式による控除対象外消費税額等は、次の算式で計算されます。

控除対象外消費税額等 ＝ その課税期間中の課税仕入れ等に係る消費税額等の額 ×（1－課税売上割合）

（図解）―課税売上割合が80％の場合―

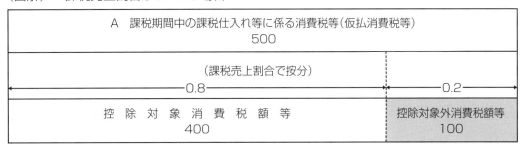

控除対象外消費税額等＝A×（1－0.8）
　　　　　　　　　　＝500×0.2
　　　　　　　　　　＝100

❸ 簡易課税方式の場合の控除対象外消費税額等の計算

　納付すべき消費税等の額を簡易課税制度で計算する場合には、税抜経理方式で、課税仕入れ等に係る消費税等の額のうち簡易課税制度で課税仕入れ等に係る消費税等の額とみなして計算された額を超える額が控除対象外消費税額等です。

❹ 控除対象外消費税額等の処理方法

　控除対象外消費税額等の法人税における処理方法をまとめると、次のようになります。

イ　控除対象外消費税額等の処理区分	(イ)　資産に係る控除対象外消費税額等 　　①　次のもののうち損金経理した金額は、損金の額に算入されます。 　　　A　課税売上割合が80％以上である事業年度の控除対象外消費税額等 　　　B　課税売上割合が80％未満である事業年度の控除対象外消費税額等のうち次のもの 　　　　(a)　棚卸資産に係るもの 　　　　(b)　それぞれの資産に係る控除対象外消費税額等が20万円未満のもの（(a)に掲げるものを除きます。） 　　②　①以外で個々の資産の取得価額に算入しないものは、**繰延消費税額等**として60か月で均等額を損金経理により損金の額に算入することができます。 　　　なお、資産に係る控除対象外消費税額等の合計額について、上記の①又は②によらず、個々の資産の取得価額に算入することもできます。 (ロ)　経費に係る控除対象外消費税額等 　　経費に係る控除対象外消費税額等は、損金経理により損金の額に算入されます。
ロ　繰延消費税額等の損金算入限度額の計算	(イ)　発生事業年度 $\text{発生事業年度の損金算入限度額} = \dfrac{\text{発生事業年度の繰延消費税額等}}{60} \times \text{発生事業年度の月数} \times \dfrac{1}{2}$ (ロ)　発生事業年度の翌事業年度以後の事業年度 $\text{その事業年度の損金算入限度額} = \dfrac{\text{発生事業年度の繰延消費税額等}}{60} \times \text{その事業年度の月数}$

（注）　消費税の課税売上割合が80％以上か80％未満かの判定は、簡易課税制度適用者についても、実際の課税売上割合で行います。

第5章　消費税等の経理処理

《参　考》控除対象外消費税額等の処理区分のフローチャート

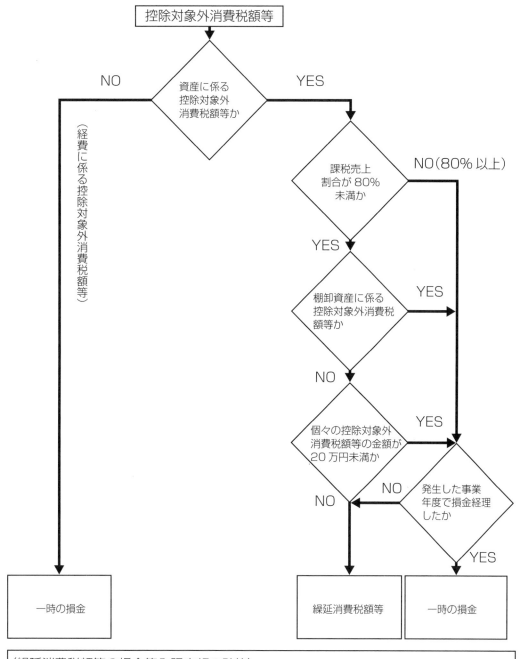

（注）　上記のフローチャートにかかわらず資産に係る全ての控除対象外消費税額等について、個々の資産の取得価額に算入することもできます。

第6章

電子インボイスについて

第6章　電子インボイスについて

　請求書等を電子化し、インターネットを利用して授受することができれば、企業においては事務が効率化されますし、何より経費を削減することができます。

　昨今の新型コロナウィルスの感染拡大の影響を受けて、リモートワークが推奨される中、令和5年10月から消費税にインボイス制度が導入されることから、請求書等の電子化の環境が大きく前進しようとしています。

　電子インボイスは、取引の情報を電磁的方式により授受することから、電子取引に該当します。また、電子取引は、消費税法上は電子帳簿保存法に定める電子取引に係る電磁的記録の保存の要件に準ずる要件に従って保存する必要があります。

❶　売り手側における電子インボイスの効用

　売り手側において請求書等を電子化した場合には、請求書等を作成する際に会計システムとデータ連携しますので、売上帳から請求書等を作成する際の人為的なミスがなくなります。さらに、従来紙の請求書等を郵便で送付していた作業を省略し、電子メールに添付する方法によれば、昨今の郵便事情の変化による郵送の所要日数を気にすることなく、郵送費用の削減にもつながります。

❷　買い手側における電子インボイスの効用

　買い手側においては、仕入税額控除が正しく行われることが重要です。

　電子インボイスを受け取って、売り手が発行した請求書等の内容を会計システムに直接吸い上げることができれば、事務量が大きく削減されます。

❸　インボイス方式と電子帳簿保存法について

(1)　適格請求書発行事業者による適格請求書等の写しの保存義務

　適格請求書、適格簡易請求書若しくは適格返還請求書（以下「適格請求書等」といいます。）を交付し、又はこれらの書類に記載すべき事項に係る電磁的記録を提供した適格請求書発行事業者は、これらの書類の写し又は提供した適格請求書等に係る電磁的記録を保存しなければなりません。

　その保存期間は、適格請求書等を交付した日又は電磁的記録を提供した日の属する課税期間の末日の翌日から2か月を経過した日から7年間で、納税地又はその取引に係る事務所、事業所その他これらに準ずるものの所在地に保存しなければなりません。

(2)　適格請求書等の保存方法

　①　適格請求書等を書面で相手側に交付する場合の保存方法

　　適格請求書等を相手方に書面で交付する適格請求書発行事業者は、原則として、交付した適格請求書等の写しを紙で保存します。

91

電子帳簿保存法では、相手側に交付した適格請求書等の写しは、スキャナ保存の対象
となり、適格請求書等の写しをスキャナで読み取った電磁的記録をスキャナ保存制度の
要件に従って保存する場合には、その電磁的記録を適格請求書等の写しの保存に代える
ことができます。

　適格請求書発行事業者は、自己が一貫して電子計算機を使用して作成している適格請
求書等を電子帳簿保存法上の国税関係書類のデータ保存の要件に従って保存する場合、
その電磁的記録による保存をもって、適格請求書等の写しの保存に代えることができま
す。

② 　適格請求書等を電磁的記録で相手側に交付する場合の保存方法

　適格請求書等を相手側に電磁的記録で提供する適格請求書発行事業者は、原則とし
て、その電磁的記録を電子帳簿保存法上の電子取引に係るデータ保存の要件に準ずる要
件に従って保存することになります。

　一方、適格請求書等を保存する事業者は、その電磁的記録を出力することにより作成
した書面（整然とした形式及び明瞭な状態で出力したものに限ります。）で保存するこ
ともできます。

❹　**仕入税額控除を適用する場合の帳簿及び請求書等の電磁的記録による保存**

　課税事業者が仕入税額控除の適用を受けようとする場合には、原則として、一定の事項
が記載された帳簿及び適格請求書等の請求書等を保存する必要があります。

(1) 　帳簿の保存方法

　仕入税額控除の適用を受けるために保存しなければならない帳簿は、原則として、出力
した書面によることが必要です。

　電子帳簿保存法では、国税に関する法律の規定により備付け又は保存しなければならな
い帳簿を国税関係帳簿といいますから、仕入税額控除の適用を受けるための要件として保
存することが求められる帳簿も電子帳簿保存法上の国税関係帳簿のデータ保存の対象に含
まれます。

　仕入税額控除の要件として保存することが求められる帳簿が、適格請求書発行事業者に
よって最初の記録段階から一貫して電子計算機を使用して作成されている場合には、国税
関係帳簿のデータ保存の要件に従って保存されていれば、その帳簿の電磁的記録の備付け
又は保存で、その帳簿の備付け又は保存に代えることができます。

(2) 　請求書等の保存方法

① 　請求書等を書面で交付される場合

　適格請求書発行事業者から書面で適格請求書等が交付された場合、原則として、交付
された適格請求書等を紙のまま保存しなければなりません。

第6章　電子インボイスについて

　電子帳簿保存法では、国税に関する法律の規定により保存しなければならない請求書等を国税関係書類といいますから、仕入税額控除の適用を受けるための要件として保存することが求められる請求書等も電子帳簿保存法上のスキャナ保存の対象に含まれます。

　適格請求書発行事業者から書面で交付を受けた適格請求書等をスキャナで読み取った電磁的記録は、スキャナ保存制度の要件に従って保存する場合は、その電磁的記録の保存で適格請求書等の保存に代えることができます。

②　請求書等を電磁的記録で提供を受ける場合

　適格請求書発行事業者から適格請求書等に係る電磁的記録の提供を受ける場合、仕入税額控除の適用を受けるためには、その電磁的記録を電子帳簿保存法上の電子取引に係るデータ保存の要件に準ずる要件に従って保存しなければなりません。

　仕入明細書等についても、電子帳簿保存法上の電子取引に係るデータ保存の要件に準ずる要件に従って記載事項を記録した電磁的記録を保存することにより、仕入税額控除のための要件を満たします。

　一方、請求書等に係る電磁的記録を保存する以外に、請求書等に係る電磁的記録を紙に印刷して（整然とした形式及び明瞭な状態で出力したものに限ります。）保存することも認められています。

　保存が必要な請求書等の記載事項は、一つの書類だけで記載事項を満たす必要はなく、複数の書類や、書類と電磁的記録により、これら相互の関連が明確で、適格請求書等の交付対象となる取引内容を正確に認識できる方法で交付されるなら、その複数の書類や電磁的記録をすべて保存することで、その全体で適格請求書等の記載事項を満たすことができます。

❺　媒介者等による適格請求書等の写しの保存

　市場などで委託販売を行う場合、購入者に対して課税資産の譲渡等を行うのは委託者ですから、本来であれば、委託者が購入者に対して適格請求書等を交付することになりますが、次の要件を満たす場合には、委託を受け媒介を行う受託者が委託者に帰属する課税資産の譲渡等の取引につき受託者の氏名又は名称及び登録番号を記載した適格請求書等又は適格請求書等の電磁的記録を委託者に代わって購入者に交付し又は提供することができます。

①　委託者及び受託者の双方が適格請求書発行事業者であること

②　委託者が受託者に対して自己が適格請求書発行事業者の登録を受けていることを事前に通知していること

　受託者が適格請求書等又は適格請求書等の電磁的記録を委託者に代わって購入者に交付し又は提供する場合には、受託者は交付した適格請求書等の写し又は提供した適格請求書等の電磁的記録を保存し、交付した適格請求書等の写し又は提供した適格請求書等の電磁

的記録を速やかに委託者に交付又は提供しなければなりません。

❻ 媒介者等による適格請求書等の保存方法

⑴　適格請求書等を書面で交付する場合

　媒介者である受託者が適格請求書等を購入者に対して書面で交付する場合には、媒介者である受託者は、原則として、交付した適格請求書等の写しを紙で保存しなければなりません。また、媒介者である受託者が委託者に対して適格請求書等の写しの代わりに精算書等の書類を書面で交付する場合には、その精算書等の写しも紙で保存しなければなりません。

　電子帳簿保存法では、国税に関する法律の規定により保存しなければならない請求書等を国税関係書類といいますから、媒介者である受託者が保存しなければならない適格請求書等の写し及び精算書等の写しも電子帳簿保存法の対象に含まれます。

　媒介者である受託者が委託者に交付した適格請求書等の写し及び精算書等の写しは、スキャナ保存制度の対象となりますので、これらをスキャナで読み取った電磁的記録をスキャナ保存制度の要件に従って保存する場合には、その電磁的記録を保存することで、適格請求書等の写し及び精算書等の写しの保存に代えることができます。

　自己が一貫して電子計算機を使用して作成している適格請求書等及び精算書等は、電子帳簿保存法上の国税関係書類のデータ保存制度の対象となり、データ保存の要件に従って保存する場合、その電磁的記録による保存をもって、適格請求書等の写し及び精算書等の写しの保存に代えることができます。

⑵　適格請求書等を電磁的記録で交付する場合

　適格請求書等を電磁的記録で提供する場合には、媒介者である受託者は、原則として、その電磁的記録を電子帳簿保存法上の電子取引に係るデータ保存の要件に従って保存しなければなりません。

　一方、媒介者である受託者が適格請求書等を電磁的記録で保存する以外に、その電磁的記録を紙に印刷して（整然とした形式及び明瞭な状態で出力したものに限ります。）保存することも認められます。

　また、委託者に対し適格請求書等の写しに代えて精算書等の電磁的記録を提供する場合、その電磁的記録についても同様です。

❼ 電磁的記録の場合の重加算税の加重措置

　電子データによる帳簿書類等の保存は、紙で保存する場合と比べて複製や改ざんをすることが容易であり、痕跡も残りにくいといわれています。

　そこで、電子データの複製や改ざんを未然に防ぐ目的で、電子帳簿保存法上、スキャナ保存する場合の電磁的記録や電子取引の取引情報に関する電磁的記録に残された事項につ

いて改ざん等が行われた場合には、重加算税（通常35％）が10％割増しされます。

(1) 電磁的記録の場合の重加算税の加重措置の概要

　取引の相手先と電磁的記録により授受された適格請求書等を電磁的記録として保存した内容について改ざん等が行われた場合には、その結果生じた申告漏れ額に対して賦課される重加算税が10％割増しされます。

(2) 加重措置の対象となる電磁的記録の範囲

　仕入税額控除の適用にインボイス制度が導入される令和5年10月1日以後、電磁的記録に係る重加算税の加重措置の対象となる電磁的記録は次のとおりです。

　① 輸出物品販売場を営む事業者が保存すべき一定の物品が非居住者によって一定の方法により購入されたことを証する電磁的記録

　② 仕入税額控除を受けるために保存すべき適格請求書発行事業者から提供を受けた適格請求書等の記載事項に係る電磁的記録

　③ 仕入税額控除を受けるために保存すべき仕入明細書等及び農協等の媒介者から提供を受けた書類の記載事項に係る電磁的記録

　④ 適格請求書発行事業者が取引先に提供した適格請求書等の記載事項に係る電磁的記録

　⑤ 承認送信事業者が保存すべき市中輸出物品販売場に提供した購入記録情報

　⑥ 金又は白金の地金の課税仕入れを行った者が保存すべきその相手方の本人確認書類に係る電磁的記録

　⑦ 適格請求書を媒介者が交付する特例の適用がある場合におけるその媒介者が保存すべき電磁的記録

(3) 加重措置が適用されない場合

　消費税に係る帳簿等の保存義務者に関して、電子取引の取引情報に係る電磁的記録については、その保存の有無が税額計算に影響を及ぼすことなどを勘案して、出力した書面により保存することが認められています。したがって、電磁的記録を出力した書面と電磁的記録がともに保存されている場合で、電磁的記録を紙出力した書面を保存しているときには、電磁的記録の保存の有無にかかわらず、重加算税の加重措置は適用されません。

第2編

設例による消費税等の
確定申告書の書き方

第2編　　設例による消費税等の確定申告書の書き方

　第2編では、具体的な設例に基づき、各法人の課税期間の期末における残高試算表並びに消費税等の申告に係る基礎的な資料を基にして、実際に消費税等の確定申告書の作成手順を説明します。また、消費税額等が確定した後の法人の消費税等に関する経理処理についても説明しています。

　各設例の内容を一覧表にしたものが、次ページの表です。

○　設例の区分
　1　簡易課税制度の選択
　　　設例1では、簡易課税制度の場合の申告書の作成方法を説明しています。
　　　簡易課税制度により申告書を作成する場合には、原則課税方式とは異なる申告書と付表を使用します。
　2　課税仕入高の計算方法に原則課税方式を適用
　　　設例2から5までは、課税売上高が5億円超か5億円以下かで、また5億円以下の場合、その課税売上割合が95％以上か95％未満かで課税仕入高の計算方法が異なることを説明しています。さらに、設例3と4では同一の法人が課税仕入高の計算方法を変えた場合の税額計算の比較をしています。
　3　中小事業者の税額計算の特例（小売等軽減仕入割合の特例）の適用
　　　設例5では、令和5年9月30日まで経過的に残る課税売上高を標準税率と軽減税率とに区分できていない事業者に係る小売等軽減仕入割合の特例を適用した申告のケースを説明しています。
　4　免税事業者からの課税仕入れに係る経過措置の適用
　　　設例3から5では、免税事業者(適格請求書発行事業者以外の者)からの課税仕入れに係る経過措置(80％控除)を適用した場合のケースを説明しています。
　5　免税事業者が適格請求書発行事業者となった場合の軽減措置（2割特例）の適用
　　　設例6では、令和5年10月1日以後、免税事業者が適格請求書発行事業者となった場合の税額軽減制度(2割特例)を適用した場合の申告書の作成方法を説明しています。

設例	法人名	業種	課税期間	課税売上高		免税売上げ	課税売上割合
				5億円超	5億円以下		
1	中阪食品製造㈱	食品製造業・食堂経営	令5.4.1～令6.3.31		○	なし	
2	阪神物産㈱	商社	令5.4.1～令6.3.31		○	あり	95%以上
3	松林不動産販売㈱	住宅建築・土地売買業	令5.4.1～令6.3.31	○		なし	80%未満
4	松林不動産販売㈱	住宅建築・土地売買業	令5.10.1～令6.9.30	○		なし	80%未満
5	㈲大森商店	日用雑貨品・飲食料品の小売業	令5.4.1～令6.3.31		○	なし	95%以上
6	㈱馬場ホーム	テナントビル賃貸・アパート経営	令5.4.1～令6.3.31		○	なし	

経理処理		売上税額と仕入税額の計算方法		仕入税額控除の方式	特例の適用
税込み	税抜き	売上税額	仕入税額		
○		割戻し計算		簡易課税	
	○	割戻し計算	割戻し計算	原則課税（全額控除）	
	○	割戻し計算	割戻し計算	原則課税（一括比例配分方式）	適格請求書発行事業者以外の者からの課税仕入れあり
	○	割戻し計算	帳簿積上げ計算	原則課税（個別対応方式）	適格請求書発行事業者以外の者からの課税仕入れあり
○		割戻し計算	割戻し計算	原則課税（全額控除）	9月30日までは小売等軽減仕入割合の特例を適用して売上税額を計算／適格請求書発行事業者以外の者からの課税仕入れあり
○		割戻し計算		免税事業者が適格請求書発行事業者となった場合の2割特例適用	

設例1

業種：食品製造業と食堂経営

消費税等について税込経理で簡易課税方式を選択

軽減税率適用の売上げあり

売上税額は割戻し計算による

1．残高試算表と消費税等の申告基礎資料

設例1：中阪食品製造㈱（適格請求書発行事業者）

<table>
<tr><th colspan="6">残　　高　　試　　算　　表</th></tr>
<tr><th colspan="3">勘　定　科　目</th><th rowspan="2">借方合計</th><th rowspan="2">貸方合計</th><th colspan="2">資産の譲渡等</th></tr>
<tr><th colspan="3">税　率　区　分</th><th>標準税率7.8%</th><th>軽減税率6.24%</th></tr>
<tr><td colspan="3">売　　　　上　　　　高</td><td></td><td>36,840,000</td><td>6,600,000</td><td>30,240,000</td></tr>
<tr><td colspan="3">食料品売上げ（業者向け）</td><td></td><td>30,240,000</td><td></td><td>30,240,000</td></tr>
<tr><td colspan="3">食　堂　の　売　上　げ</td><td></td><td>6,600,000</td><td>6,600,000</td><td></td></tr>
<tr><td colspan="3">売　　上　　値　　引　　き</td><td>453,600</td><td></td><td></td><td></td></tr>
<tr><td colspan="3">食料品売上げ（業者向け）</td><td>453,600</td><td></td><td></td><td></td></tr>
<tr><td rowspan="3">原　　　　　価</td><td colspan="2">原材料商品仕入高</td><td>10,800,000</td><td></td><td></td><td></td></tr>
<tr><td colspan="2">賃　　　　　　　金</td><td>8,000,000</td><td></td><td></td><td></td></tr>
<tr><td colspan="2">水　道　光　熱　費</td><td>550,000</td><td></td><td></td><td></td></tr>
<tr><td rowspan="9">販売費及び一般管理費</td><td colspan="2">役　員　給　与</td><td>6,400,000</td><td></td><td></td><td></td></tr>
<tr><td colspan="2">法　定　福　利　費</td><td>300,000</td><td></td><td></td><td></td></tr>
<tr><td colspan="2">福　利　厚　生　費</td><td>218,000</td><td></td><td></td><td></td></tr>
<tr><td colspan="2">賃　　借　　料</td><td>1,980,000</td><td></td><td></td><td></td></tr>
<tr><td colspan="2">交　　際　　費</td><td>548,000</td><td></td><td></td><td></td></tr>
<tr><td colspan="2">租　税　公　課</td><td>300,000</td><td></td><td></td><td></td></tr>
<tr><td colspan="2">旅　費　交　通　費</td><td>550,000</td><td></td><td></td><td></td></tr>
<tr><td colspan="2">雑　　　　　　費</td><td>218,000</td><td></td><td></td><td></td></tr>
<tr><td colspan="2">貸　　倒　　損　　失</td><td>108,000</td><td></td><td></td><td></td></tr>
<tr><td rowspan="2">営　業　外　収　益</td><td colspan="2">受　取　利　息</td><td></td><td>10,000</td><td></td><td></td></tr>
<tr><td colspan="2">車　両　売　却　益</td><td></td><td>230,000</td><td>330,000</td><td></td></tr>
<tr><td>営　業　外　費　用</td><td colspan="2">支　払　利　息</td><td>200,000</td><td></td><td></td><td></td></tr>
<tr><td rowspan="7">資　　　　　産</td><td colspan="2">現　金　預　金</td><td>8,024,000</td><td></td><td></td><td></td></tr>
<tr><td colspan="2">売　　掛　　金</td><td>2,200,000</td><td></td><td></td><td></td></tr>
<tr><td colspan="2">貸　　付　　金</td><td>2,000,000</td><td></td><td></td><td></td></tr>
<tr><td colspan="2">商　　　　品</td><td>2,500,000</td><td></td><td></td><td></td></tr>
<tr><td colspan="2">車　両　運　搬　具</td><td>5,350,000</td><td></td><td></td><td></td></tr>
<tr><td colspan="2">器　具　及　び　備　品</td><td>4,700,000</td><td></td><td></td><td></td></tr>
<tr><td colspan="2">投　資　有　価　証　券</td><td>100,000</td><td></td><td></td><td></td></tr>
<tr><td rowspan="5">負　　　　　債</td><td colspan="2">買　　掛　　金</td><td></td><td>1,700,000</td><td></td><td></td></tr>
<tr><td colspan="2">借　　入　　金</td><td></td><td>4,500,000</td><td></td><td></td></tr>
<tr><td colspan="2">未　　払　　金</td><td></td><td>700,000</td><td></td><td></td></tr>
<tr><td colspan="2">預　　り　　金</td><td></td><td>372,000</td><td></td><td></td></tr>
<tr><td colspan="2">未　払　費　用</td><td></td><td>453,000</td><td></td><td></td></tr>
<tr><td rowspan="2">資　　　　　本</td><td colspan="2">資　　本　　金</td><td></td><td>10,000,000</td><td></td><td></td></tr>
<tr><td colspan="2">繰　越　利　益</td><td></td><td>694,600</td><td></td><td></td></tr>
<tr><td colspan="3">合　　　　　　　計</td><td>55,499,600</td><td>55,499,600</td><td>6,930,000</td><td>30,240,000</td></tr>
</table>

104

税込経理・簡易課税方式

令和 6 年 3 月31日

勘定科目ごとの調整事項				備　　　　　　　　考
課税仕入れ		返品・貸倒れ		
標準税率7.8%	軽減税率6.24%	標準税率7.8%	軽減税率6.24%	
			453,600	令和5年10月に業者向け食料品に売上値引きが発生した（返還インボイスの交付）。
	10,800,000			
550,000				
110,000	108,000			
1,980,000				
440,000	108,000			
550,000				
110,000	108,000			
			108,000	令和4年4月に販売した食料品の売掛金が貸倒れとなった。
				非課税売上げ
				令和5年10月に車両運搬具を下取りに出した。
				▨は非課税又は不課税取引
3,740,000	11,124,000		561,600	

2. 消費税及び地方消費税の確定申告書の作成手順

　消費税簡易課税制度選択届出書を提出し、基準期間の課税売上高が5,000万円以下の場合、簡易課税制度が適用されますので、簡易課税用の申告書を作成します。したがって、課税売上げにつき令和5年10月1日以後、適格請求書等を交付・保存していますが、課税仕入れ等についてはインボイス制度の制約は受けません。

　簡易課税制度の場合、消費税額等の計算は付表4－3を作成します。

　また、控除仕入税額の計算には付表5－3を作成します。

　では、**1**の〔残高試算表等〕を基に説明していきます。

【作成手順】

　付表等の作成順序は次のとおりです。

　　⑴　付表4－3　①、②、⑤、⑥

　　⑵　付表5－3　①〜㊲

　　⑶　付表4－3　④、⑦〜⑬

　　⑷　第二表

　　⑸　第一表

　なお、中間納付した消費税等はありません。

（1）　付表4－3で消費税額を計算します。

①－1　(課税資産の譲渡等の対価の額) 欄

　　A　(税率6.24%適用分) 欄

$$30,240,000 \times \frac{100}{108} = 28,000,000 \quad \Rightarrow 第二表の⑤欄に転記します。$$

　　B　(税率7.8%適用分) 欄

$$(6,600,000 + 330,000(車両の下取り)) \times \frac{100}{110} = 6,300,000 \quad \Rightarrow 第二表の⑥欄$$
に転記します。

①　(課税標準額) 欄

　　A　28,000,000　(①－1を転記して、千円未満を切捨て)

　　B　6,300,000　(①－1を転記して、千円未満を切捨て)

②　(消費税額) 欄

　　A　28,000,000×6.24%＝1,747,200　⇒付表5－3の①A欄と第二表の⑮欄に転記します。

　　B　6,300,000×7.8%＝491,400　⇒付表5－3の①B欄と第二表の⑯欄に転記します。

⑤　(返還等対価に係る消費税額) 欄

　　A　$453,600(売上値引き) \times \frac{6.24}{108} = 26,208$　⇒付表5－3の③A欄に転記します。

　　B　0　⇒付表5－3の③B欄に転記します。

第2編 ▌ 設例による消費税等の確定申告書の書き方〔設例1〕

⑥ （貸倒れに係る税額）欄

A　$108,000 \times \dfrac{6.24}{108} = 6,240$

B　0

※　各欄の金額を横に合計して、C（合計）欄に記入します。

※　C欄の金額を第一表、第二表及び付表5-3の各欄に転記します。

（2）　付表5-3で控除対象仕入税額を計算します。

Ⅰ　控除対象仕入税額の計算の基礎となる消費税額

　イ　A（税率6.24％適用分）の縦の欄

　　①（課税標準額に対する消費税額）のA欄

　　　付表4-3の②A欄の金額を転記します。1,747,200

　　③（売上対価の返還等に係る消費税額）のA欄

　　　付表4-3の⑤A欄の金額を転記します。26,208

　　④（控除対象仕入税額の計算の基礎となる消費税額）のA欄

　　　①1,747,200＋②0－③26,208＝1,720,992

　ロ　B（税率7.8％適用分）の縦の欄

　　①（課税標準額に対する消費税額）のB欄

　　　付表4-3の②B欄の金額を転記します。491,400

　　③（売上対価の返還等に係る消費税額）のB欄

　　　付表4-3の⑤B欄の金額を転記します。0

　　④（控除対象仕入税額の計算の基礎となる消費税額）のB欄

　　　①491,400＋②0－③0＝491,400

　ハ　C（合計）の縦の欄

　　①（課税標準額に対する消費税額）のC欄

　　　A1,747,200＋B491,400＝2,238,600（付表4-3の②C欄の金額と一致します。）

　　③（売上対価の返還等に係る消費税額）のC欄

　　　A26,208＋B0＝26,208（付表4-3の⑤C欄の金額と一致します。）

　　④（控除対象仕入税額の計算の基礎となる消費税額）のC欄

　　　A1,720,992＋B491,400＝2,212,392

Ⅱ　1種類の事業の専業者の場合の控除対象仕入税額

　　2種類の事業を営んでいるため、該当しません。

Ⅲ　2種類以上の事業を営む事業者の場合の控除対象仕入税額

　⑴　事業区分別の課税売上高（税抜き）の明細

　　イ　A（税率6.24％適用分）欄

107

⑨　第三種事業のＡ欄

$(30,240,000(食料品売上げ) - 453,600(売上値引き)) \times \dfrac{100}{108} = 27,580,000$　⇒
⑥のＡ欄に転記します。

ロ　Ｂ（税率7.8％適用分）欄

⑩　第四種事業のＢ欄

$(6,600,000(食堂の売上げ) + 330,000 (車両の下取り)) \times \dfrac{100}{110} = 6,300,000$　⇒
⑥のＢ欄に転記します。

ハ　Ｃ（合計）欄

⑥（事業区分別の合計額）のＣ欄

$A27,580,000 + B6,300,000 = 33,880,000$

⑨（第三種事業）のＣ欄

$27,580,000$　⇒第一表の「事業区分・第3種」欄に転記します。

売上割合：⑨$27,580,000 \div ⑥33,880,000 \times 100 = 81.4\cdots$　⇒81％　⇒第一表の
「事業区分売上割合・第3種」欄に転記します。

⑩（第四種事業）のＣ欄

$6,300,000$　⇒第一表の「事業区分・第4種」欄に転記します。

売上割合：⑩$6,300,000 \div ⑥33,880,000 \times 100 = 18.5\cdots$　⇒18％　⇒第一表の
「事業区分売上割合・第4種」欄に転記します。

(2)　(1)の事業区分別の課税売上高に係る消費税額の明細

イ　Ａ（税率6.24％適用分）欄

⑯　第三種事業のＡ欄

⑨$A27,580,000 \times 6.24\% = 1,720,992$　⇒⑬のＡ欄に転記します。

ロ　Ｂ（税率7.8％適用分）欄

⑰　第四種事業のＢ欄

⑩$B6,300,000 \times 7.8\% = 491,400$　⇒⑬のＢ欄に転記します。

ハ　Ｃ（合計）欄

⑬（事業区分別の合計額）のＣ欄

$A1,720,992 + B491,400 = 2,212,392$

⑯（第三種事業）のＣ欄

$1,720,992$

⑰（第四種事業）のＣ欄

$491,400$

(3)　控除対象仕入税額の計算式区分の明細

イ　原則計算を適用する場合（⑳）

(イ)　Ａ（税率6.24％適用分）欄

④1,720,992×⑯1,720,992×70%÷⑬1,720,992＝1,204,694

（ロ）　B（税率7.8%適用分）欄

④491,400×⑰491,400×60%÷⑬491,400＝294,840

（ハ）　C（合計）欄

A1,204,694＋B294,840＝1,499,534

ロ　特例計算を適用する場合

（イ）　1種類の事業で75%以上

食品製造業（第三種事業）だけで81%を占めていますので、適用されます。

（ⅰ）　A（税率6.24%適用分）欄

④1,720,992×70%＝1,204,694

（ⅱ）　B（税率7.8%適用分）欄

④491,400×70%＝343,980

（ⅲ）　C（合計）欄

A1,204,694＋B343,980＝1,548,674

（ロ）　2種類の事業で75%以上

食品製造業（第三種事業）と食堂（第四種事業）で100%ですから、適用されます。

（ⅰ）　㉛（第三種事業及び第四種事業）のA（税率6.24%適用分）欄

④1,720,992×｛⑯1,720,992×70%＋（⑬1,720,992－⑯1,720,992）×60%｝÷⑬1,720,992＝1,204,694

（ⅱ）　㉛（第三種事業及び第四種事業）のB（税率7.8%適用分）欄

④491,400×｛⑯0×70%＋（⑬491,400－⑯0）×60%｝÷⑬491,400＝294,840

（ⅲ）　㉛（第三種事業及び第四種事業）のC（合計）欄

A1,204,694＋B294,840＝1,499,534

ハ　上記の計算式区分から選択した控除対象仕入税額

㊲A欄　㉑A1,204,694　⇒付表4－3の④A欄に転記します。

㊲B欄　㉑B343,980　⇒付表4－3の④B欄に転記します。

㊲C（合計）欄　A1,204,694＋B343,980＝1,548,674　⇒付表4－3の④C欄に転記します。

※　特例計算を適用しますので、第一表の「特例計算適用」の「有」にチェック（○印）を入れます。

（3）　付表4－3で消費税額と地方消費税額を計算します。

④（控除対象仕入税額）の計算

A（税率6.24％適用分）欄　1,204,694⇦付表5−3の㊲A欄の金額

　　　B（税率7.8％適用分）欄　343,980⇦付表5−3の㊲B欄の金額

　　　C（合計）欄　A1,204,694＋B343,980＝1,548,674

　⑦（控除税額小計）の計算

　　　A（税率6.24％適用分）欄　④1,204,694＋⑤26,208＋⑥6,240＝1,237,142

　　　B（税率7.8％適用分）欄　④343,980＋⑤0＋⑥0＝343,980

　　　C（合計）欄　A1,237,142＋B343,980＝1,581,122

　⑨（差引税額）の計算

　　　C（合計）欄　②C2,238,600＋③C0−⑦C1,581,122＝657,478

　　　　⇒657,400（百円未満切捨て）

　⑪（地方消費税の課税標準となる消費税額・差引税額）の計算

　　　C（合計）欄　⑨C657,400

　⑬（譲渡割額・納税額）の計算

　　　C（合計）欄　⑪C657,400×$\dfrac{22}{78}$＝185,420

　　　　⇒185,400（百円未満切捨て）

※　C（合計）欄の金額をそれぞれ第一表と第二表に転記します。

（4）　第二表

①（課税標準額）欄

　34,300,000（付表4−3の①Cを転記）　⇒第一表の①に転記します。

⑪（消費税額）欄

　2,238,600（付表4−3の②Cを転記）　⇒第一表の②に転記します。

⑰（返還等対価に係る税額）

　26,208（付表4−3の⑤Cを転記）　⇒第一表の⑤欄に転記します。

（5）　第一表

⑨（差引税額）欄

　②2,238,600＋③0−⑦1,581,122＝657,478　⇒657,400（百円未満切捨て）

⑪（納付税額）欄　⑨657,400−⑩0＝657,400

㉒（納付譲渡割額）欄　⑳185,400−㉑0＝185,400

㉖（消費税及び地方消費税の合計（納付又は還付）税額）欄

　⑪657,400＋㉒185,400＝842,800

3．期末における消費税等についての経理処理

納付すべき消費税等の額が算出されましたので、次の仕訳を行い、当期の納付すべき税

額を損金経理により未払計上します。

〔仕訳〕

租税公課　842,800　／　未払消費税等　842,800

第２編 ▌▌▌ 設例による消費税等の確定申告書の書き方〔設例１〕

課税標準額等の内訳書

整理番号			法人用

納 税 地	大阪市中央区谷町６丁目10-26
	（電話番号 06 － ○○○ － △△△△ ）
（フリガナ）	ナカサカショクヒンセイゾウ(カブ)
法 人 名	中阪食品製造(株)
（フリガナ）	ナカサカオトハ
代表者氏名	中阪乙葉

改 正 法 附 則 に よ る 税 額 の 特 例 計 算			
軽 減 売 上 割 合（10営業日）	○	附則38①	51
小 売 等 軽 減 仕 入 割 合	○	附則38②	52

第二表

自 令和 **05** 年 **04** 月 **01** 日

至 令和 **06** 年 **03** 月 **31** 日

課税期間分の消費税及び地方消費税の（ 確定 ）申告書

中間申告 自 令和 ☐☐ 年 ☐☐ 月 ☐☐ 日
の場合の
対象期間 至 令和 ☐☐ 年 ☐☐ 月 ☐☐ 日

令和四年四月一日以後終了課税期間分

課 税 標 準 額 ※申告書（第一表）の①欄へ	①	十兆千百十億千百十万千百十一円 　　　　　34300000	01

課 税 資 産 の 譲 渡 等 の 対 価 の 額 の 合 計 額	3 ％ 適 用 分	②		02
	4 ％ 適 用 分	③		03
	6.3 ％ 適 用 分	④		04
	6.24 ％ 適 用 分	⑤	28000000	05
	7.8 ％ 適 用 分	⑥	6300000	06
		⑦	34300000	07
特 定 課 税 仕 入 れ に 係 る 支 払 対 価 の 額 の 合 計 額 （注1）	6.3 ％ 適 用 分	⑧		11
	7.8 ％ 適 用 分	⑨		12
		⑩		13

消 費 税 額 ※申告書（第一表）の②欄へ	⑪	2238600	21
⑪ の 内 訳	3 ％ 適 用 分	⑫		22
	4 ％ 適 用 分	⑬		23
	6.3 ％ 適 用 分	⑭		24
	6.24 ％ 適 用 分	⑮	1747200	25
	7.8 ％ 適 用 分	⑯	491400	26

返 還 等 対 価 に 係 る 税 額 ※申告書（第一表）の⑤欄へ	⑰	26208	31
⑰の内訳	売 上 げ の 返 還 等 対 価 に 係 る 税 額	⑱	26208	32
	特定課税仕入れの返還等対価に係る税額 （注1）	⑲		33

地 方 消 費 税 の 課 税 標 準 と な る 消 費 税 額 （注2）		⑳	657400	41
	4 ％ 適 用 分	㉑		42
	6.3 ％ 適 用 分	㉒		43
	6.24%及び7.8% 適 用 分	㉓	657400	44

（注1） ⑧～⑩及び⑲欄は、一般課税により申告する場合で、課税売上割合が95％未満、かつ、特定課税仕入れがある事業者のみ記載します。
（注2） ⑳～㉓欄が還付税額となる場合はマイナス「－」を付してください。

113

付表4－3　税率別消費税額計算表　兼　地方消費税の課税標準となる消費税額計算表

簡易

課税期間	5・4・1～6・3・31	氏名又は名称	中阪食品製造（株）

区　　　　　分		税率 6.24 ％ 適用分 A	税率 7.8 ％ 適用分 B	合　　計　　C （A＋B）
課　税　標　準　額	①	28,000,000 円	6,300,000 円	※第二表の①欄へ 34,300,000 円
課税資産の譲渡等 の　対　価　の　額	① - 1	※第二表の⑤欄へ 28,000,000	※第二表の⑥欄へ 6,300,000	※第二表の⑦欄へ 34,300,000
消　　費　　税　　額	②	※付表5-3の①A欄へ ※第二表の⑮欄へ 1,747,200	※付表5-3の①B欄へ ※第二表の⑯欄へ 491,400	※付表5-3の①C欄へ ※第二表の⑪欄へ 2,238,600
貸倒回収に係る消費税額	③	※付表5-3の②A欄へ	※付表5-3の②B欄へ	※付表5-3の②C欄へ ※第一表の③欄へ
控除 控除対象仕入税額	④	（付表5-3の⑤A欄又は㉗A欄の金額） 1,204,694	（付表5-3の⑤B欄又は㉗B欄の金額） 343,980	（付表5-3の⑤C欄又は㉗C欄の金額） ※第一表の④欄へ 1,548,674
除 返　還　等　対　価 に　係　る　税　額	⑤	※付表5-3の③A欄へ 26,208	※付表5-3の③B欄へ 0	※付表5-3の③C欄へ ※第二表の⑰欄へ 26,208
税 貸倒れに係る税額	⑥	6,240	0	※第一表の⑥欄へ 6,240
額 控　除　税　額　小　計 （④＋⑤＋⑥）	⑦	1,237,142	343,980	※第一表の⑦欄へ 1,581,122
控　除　不　足　還　付　税　額 （⑦－②－③）	⑧			※第一表の⑧欄へ
差　　引　　税　　額 （②＋③－⑦）	⑨			※第一表の⑨欄へ 657,400
地方 控除不足還付税額 消費 （⑧） 税の準 課税標 準とな る消費税額	⑩			※第一表の⑰欄へ ※マイナス「－」を付して第二表の㉑及び㉓欄へ
差　　引　　税　　額 （⑨）	⑪			※第一表の⑱欄へ ※第二表の㉑及び㉓欄へ 657,400
譲渡 割額 還　　付　　額	⑫			（⑩C欄×22/78） ※第一表の⑲欄へ
納　　税　　額	⑬			（⑪C欄×22/78） ※第一表の⑳欄へ 185,400

注意　金額の計算においては、1円未満の端数を切り捨てる。

第2編 設例による消費税等の確定申告書の書き方〔設例1〕

付表5-3　控除対象仕入税額等の計算表

簡易

課税期間	5・4・1～6・3・31	氏名又は名称	中阪食品製造（株）

I 控除対象仕入税額の計算の基礎となる消費税額

項　目		税率6.24%適用分 A	税率7.8%適用分 B	合計 C (A+B)
課　税　標　準　額　に 対　す　る　消　費　税　額	①	(付表4-3の②A欄の金額)　円 1,747,200	(付表4-3の②B欄の金額)　円 491,400	(付表4-3の②C欄の金額)　円 2,238,600
貸　倒　回　収　に 係　る　消　費　税　額	②	(付表4-3の③A欄の金額) 0	(付表4-3の③B欄の金額) 0	(付表4-3の③C欄の金額) 0
売　上　対　価　の　返　還　等 に　係　る　消　費　税　額	③	(付表4-3の⑤A欄の金額) 26,208	(付表4-3の⑤B欄の金額) 0	(付表4-3の⑤C欄の金額) 26,208
控除対象仕入税額の計算 の基礎となる消費税額 （ ① ＋ ② － ③ ）	④	1,720,992	491,400	2,212,392

II 1種類の事業の専業者の場合の控除対象仕入税額

項　目		税率6.24%適用分 A	税率7.8%適用分 B	合計 C (A+B)
④ × みなし仕入率 （90%・80%・70%・60%・50%・40%）	⑤	※付表4-3の④A欄へ　円	※付表4-3の④B欄へ　円	※付表4-3の④C欄へ　円

III 2種類以上の事業を営む事業者の場合の控除対象仕入税額

(1) 事業区分別の課税売上高（税抜き）の明細

項　目		税率6.24%適用分 A	税率7.8%適用分 B	合計 C (A+B)	売上割合
事　業　区　分　別　の　合　計　額	⑥	27,580,000 円	6,300,000 円	33,880,000 円	
第　一　種　事　業 （ 卸　売　業 ）	⑦			※第一表「事業区分」欄へ	%
第　二　種　事　業 （ 小　売　業　等 ）	⑧			※　〃	
第　三　種　事　業 （ 製　造　業　等 ）	⑨	27,580,000		※　〃 27,580,000	81
第　四　種　事　業 （ そ　の　他 ）	⑩		6,300,000	※　〃 6,300,000	18
第　五　種　事　業 （ サ　ー　ビ　ス　業　等 ）	⑪			※　〃	
第　六　種　事　業 （ 不　動　産　業 ）	⑫			※　〃	

(2) (1)の事業区分別の課税売上高に係る消費税額の明細

項　目		税率6.24%適用分 A	税率7.8%適用分 B	合計 C (A+B)
事　業　区　分　別　の　合　計　額	⑬	1,720,992 円	491,400 円	2,212,392 円
第　一　種　事　業 （ 卸　売　業 ）	⑭			
第　二　種　事　業 （ 小　売　業　等 ）	⑮			
第　三　種　事　業 （ 製　造　業　等 ）	⑯	1,720,992		1,720,992
第　四　種　事　業 （ そ　の　他 ）	⑰		491,400	491,400
第　五　種　事　業 （ サ　ー　ビ　ス　業　等 ）	⑱			
第　六　種　事　業 （ 不　動　産　業 ）	⑲			

注意　1　金額の計算においては、1円未満の端数を切り捨てる。
　　　2　課税売上げにつき返品を受け又は値引き・割戻しをした金額（売上対価の返還等の金額）があり、売上（収入）金額から減算しない方法で経理して経費に含めている場合には、⑥から⑫欄には売上対価の返還等の金額（税抜き）を控除した後の金額を記載する。

(1／2)

(3) 控除対象仕入税額の計算式区分の明細

イ 原則計算を適用する場合

控除対象仕入税額の計算式区分		税率6.24%適用分 A	税率7.8%適用分 B	合計C (A+B)
④ × みなし仕入率 $\dfrac{⑭×90\%+⑮×80\%+⑯×70\%+⑰×60\%+⑱×50\%+⑲×40\%}{⑬}$	⑳	円 1,204,694	円 294,840	円 1,499,534

ロ 特例計算を適用する場合

(イ) 1種類の事業で75%以上

控除対象仕入税額の計算式区分		税率6.24%適用分 A	税率7.8%適用分 B	合計C (A+B)
(⑦C/⑥C・⑧C/⑥C・⑨C/⑥C・⑩C/⑥C・⑪C/⑥C・⑫C/⑥C)≧75% ④×みなし仕入率(90%・80%・70%・60%・50%・40%)	㉑	円 1,204,694	円 343,980	円 1,548,674

(ロ) 2種類の事業で75%以上

控除対象仕入税額の計算式区分			税率6.24%適用分 A	税率7.8%適用分 B	合計C (A+B)
第一種事業及び第二種事業 (⑦C+⑧C)/⑥C≧75%	④×	$\dfrac{⑭×90\%+(⑬-⑭)×80\%}{⑬}$	㉒	円	円	円
第一種事業及び第三種事業 (⑦C+⑨C)/⑥C≧75%	④×	$\dfrac{⑭×90\%+(⑬-⑭)×70\%}{⑬}$	㉓			
第一種事業及び第四種事業 (⑦C+⑩C)/⑥C≧75%	④×	$\dfrac{⑭×90\%+(⑬-⑭)×60\%}{⑬}$	㉔			
第一種事業及び第五種事業 (⑦C+⑪C)/⑥C≧75%	④×	$\dfrac{⑭×90\%+(⑬-⑭)×50\%}{⑬}$	㉕			
第一種事業及び第六種事業 (⑦C+⑫C)/⑥C≧75%	④×	$\dfrac{⑭×90\%+(⑬-⑭)×40\%}{⑬}$	㉖			
第二種事業及び第三種事業 (⑧C+⑨C)/⑥C≧75%	④×	$\dfrac{⑮×80\%+(⑬-⑮)×70\%}{⑬}$	㉗			
第二種事業及び第四種事業 (⑧C+⑩C)/⑥C≧75%	④×	$\dfrac{⑮×80\%+(⑬-⑮)×60\%}{⑬}$	㉘			
第二種事業及び第五種事業 (⑧C+⑪C)/⑥C≧75%	④×	$\dfrac{⑮×80\%+(⑬-⑮)×50\%}{⑬}$	㉙			
第二種事業及び第六種事業 (⑧C+⑫C)/⑥C≧75%	④×	$\dfrac{⑮×80\%+(⑬-⑮)×40\%}{⑬}$	㉚			
第三種事業及び第四種事業 (⑨C+⑩C)/⑥C≧75%	④×	$\dfrac{⑯×70\%+(⑬-⑯)×60\%}{⑬}$	㉛	1,204,694	294,840	1,499,534
第三種事業及び第五種事業 (⑨C+⑪C)/⑥C≧75%	④×	$\dfrac{⑯×70\%+(⑬-⑯)×50\%}{⑬}$	㉜			
第三種事業及び第六種事業 (⑨C+⑫C)/⑥C≧75%	④×	$\dfrac{⑯×70\%+(⑬-⑯)×40\%}{⑬}$	㉝			
第四種事業及び第五種事業 (⑩C+⑪C)/⑥C≧75%	④×	$\dfrac{⑰×60\%+(⑬-⑰)×50\%}{⑬}$	㉞			
第四種事業及び第六種事業 (⑩C+⑫C)/⑥C≧75%	④×	$\dfrac{⑰×60\%+(⑬-⑰)×40\%}{⑬}$	㉟			
第五種事業及び第六種事業 (⑪C+⑫C)/⑥C≧75%	④×	$\dfrac{⑱×50\%+(⑬-⑱)×40\%}{⑬}$	㊱			

ハ 上記の計算式区分から選択した控除対象仕入税額

項目		税率6.24%適用分 A	税率7.8%適用分 B	合計C (A+B)
選択可能な計算式区分(⑳～㊱) の内から選択した金額	㊲	※付表4-3の④A欄へ 円 1,204,694	※付表4-3の④B欄へ 円 343,980	※付表4-3の④C欄へ 円 1,548,674

注意 金額の計算においては、1円未満の端数を切り捨てる。

(2／2)

設例2

業種：商社（免税売上げあり）
消費税等について税抜経理で原則課税方式（課税売上高は５億円以
下で課税売上割合が95%以上なので仕入税額は全額控除）
売上税額、仕入税額とも割戻し計算による

1．残高試算表と消費税等の申告基礎資料

設例２：阪神物産㈱（適格請求書発行事業者）

残　高　試　算　表 勘　定　科　目 税　率　区　分	借方合計	貸方合計	資産の譲渡等 標準税率7.8%	資産の譲渡等 軽減税率6.24%	勘定科目ごと 課税 標準税率7.8%
売　　上　　高		380,000,000	380,000,000		
国 内 売 上 げ		370,000,000	370,000,000		
輸 出 売 上 げ		10,000,000	10,000,000		
売 上 値 引 き・返 品	700,000		700,000		
原価　商 品 仕 入 高	340,000,000				340,000,000
役 員 給 与	12,000,000				
従 業 員 給 与	17,000,000				
荷 造 運 賃	6,000,000				6,000,000
福 利 厚 生 費	3,500,000				3,000,000
賃 借 料	1,200,000				1,200,000
水 道 光 熱 費	700,000				700,000
交 際 費	2,400,000				2,100,000
租 税 公 課	1,400,000				
旅 費 交 通 費	2,600,000				2,600,000
雑 費	1,200,000				950,000
貸 倒 損 失	110,000				
営業外収益　受 取 利 息		24,000			
雑 収 入		3,600,000	3,600,000		
営業外費用　支 払 利 息	60,000				
資産　現 金 預 金	11,400,000				
売 掛 金	15,000,000				
貸 付 金	24,000,000				
商 品	56,300,000				
中間納付消費税額等	300,000				
車 両 運 搬 具	6,430,000				3,000,000
器 具 及 び 備 品	4,890,000				
投 資 有 価 証 券	6,000,000				
仮 払 消 費 税 額 等	36,039,000				35,955,000
負債　買 掛 金		24,000,000			
借 入 金		36,000,000			
未 払 金		4,600,000			
預 り 金		700,000			
未 払 費 用		200,000			
仮 受 消 費 税 額 等		37,290,000	37,290,000		
資本　資 本 金		10,000,000			
繰 越 利 益		52,815,000			
合　　　　計	549,229,000	549,229,000	420,190,000		395,505,000

販売費及び一般管理費

税抜経理・原則課税方式
令和6年3月31日

の調整事項			備　　　　　考
仕入れ	返品・貸倒れ		
軽減税率6.24%	標準税率7.8%	軽減税率6.24%	
			すべて課税売上げ （4月1日～9月30日）200,000,000（10月1日～3月31日）170,000,000
			輸出売上げ（輸出取引に係る証明書あり） （4月1日～9月30日）5,500,000（10月1日～3月31日）4,500,000
			700,000円は国内売上げに係る値引き （4月1日～9月30日）400,000（10月1日～3月31日）300,000（返還インボイスの交付）
			（4月1日～9月30日）200,000,000（10月1日～3月31日）140,000,000
			（4月1日～9月30日）2,800,000（10月1日～3月31日）3,200,000
500,000			（4月1日～9月30日）標準税率分1,600,000　軽減税率分240,000 （10月1日～3月31日）標準税率分1,400,000　軽減税率分260,000
			（4月1日～9月30日）600,000（10月1日～3月31日）600,000
			（4月1日～9月30日）350,000（10月1日～3月31日）350,000
300,000			（4月1日～9月30日）標準税率分　600,000　軽減税率分100,000 （10月1日～3月31日）標準税率分1,500,000　軽減税率分200,000
			（4月1日～9月30日）1,500,000（10月1日～3月31日）1,100,000
250,000			（4月1日～9月30日）標準税率分350,000　軽減税率分120,000 （10月1日～3月31日）標準税率分600,000　軽減税率分130,000
	110,000		令和4年10月に販売した商品代金が令和5年4月に貸倒れとなった。
			非課税売上げ
			令和5年5月に事務委託料を受入れ
			令和5年4月に新車購入3,000,000円
84,000			
			░░░░░ は非課税又は不課税取引
1,134,000	110,000		

119

> **２．消費税及び地方消費税の確定申告書の作成手順**

　税抜経理による原則課税方式で、当課税期間の課税売上高は５億円以下です。課税売上高が５億円以下で課税売上割合が95％以上の場合、課税仕入れ等に係る税額は全額控除できます。

　原則課税方式による場合、消費税額等の計算は付表１－３と２－３を作成します。

　なお、当課税期間の売上げ及び仕入れについて、令和５年10月１日以後、適格請求書の発行と保存の要件を満たしています。

　１の〔残高試算表等〕を基に説明していきます。

【作成手順】

　付表等の作成順序は次のとおりです。

　　⑴　付表１－３　①、②、⑤、⑥

　　⑵　付表２－３

　　⑶　付表１－３　④～⑬

　　⑷　第二表

　　⑸　第一表

　なお、中間納付した消費税等が申告書に記載したとおりあります。

> **（１）　付表１－３で消費税額を計算します。**

　①－１（課税資産の譲渡等の対価の額）のＢ（税率7.8％適用分）欄

　　370,000,000（国内売上げ）＋3,600,000（雑収入）＝373,600,000　⇒第二表の⑥欄に転記します。

　①（課税標準額）のＢ（税率7.8％適用分）欄

　　373,600,000（①－１を転記して、千円未満を切捨て）

　②（消費税額）のＢ（税率7.8％適用分）欄

　　①Ｂ373,600,000×7.8％＝29,140,800　⇒第二表の⑯欄に転記します。

　⑤－１（売上げの返還等対価に係る税額）のＢ（税率7.8％適用分）欄

　　700,000（売上値引き）×7.8％＝54,600

　⑤（返還等対価に係る税額）のＢ（税率7.8％適用分）欄　54,600（⑤－１欄の金額を転記します。）

　⑥（貸倒れに係る税額）のＢ（税率7.8％適用分）欄

　　110,000（貸倒損失）×$\dfrac{7.8}{110}$＝7,800

　※　Ａ、Ｂ欄を合計してＣ（合計）欄に記入し、第一表と第二表の各欄に転記します。

> **（２）　付表２－３で課税売上割合を計算し、控除対象仕入税額を計算します。**

　①（課税売上額（税抜き））のＢ（税率7.8％適用分）欄

　　373,600,000（付表１－３の①－１のＢ）－700,000（売上値引額）＝372,900,000

①のC（合計）欄

　372,900,000

②（免税売上額）のC（合計）欄　10,000,000（輸出売上げ）

④（課税資産の譲渡等の対価の額）のC（合計）欄

　①372,900,000＋②10,000,000＋③ 0 ＝382,900,000　⇒⑤のC（合計）欄に転記します。

⑥（非課税売上額）のC（合計）欄　24,000（受取利息）

⑦（資産の譲渡等の対価の額）のC（合計）欄

　⑤382,900,000＋⑥24,000＝382,924,000

⑧（課税売上割合）

　④382,900,000÷⑦ 382,924,000×100＝99.9…　⇒99％（端数切捨て）

※　C（合計）欄の金額を第一表の各欄に転記します。

⑨（課税仕入れに係る支払対価の額（税込み））のA（税率6.24％適用分）欄

　1,134,000

⑨のB（税率7.8％適用分）欄　395,505,000

⑩（課税仕入れに係る消費税額）のA（税率6.24％適用分）欄

　$1,134,000×\dfrac{6.24}{108}=65,520$

⑩のB（税率7.8％適用分）欄

　$395,505,000×\dfrac{7.8}{110}=28,044,900$

⑪〜⑭のA・B欄　該当なし

⑰のA（税率6.24％適用分）欄　65,520

⑰のB（税率7.8％適用分）欄　28,044,900

⑱（課税売上高が5億円以下、かつ、課税売上割合が95％以上の場合）のA（税率6.24％適用分）欄

　65,520（⑰のA欄の金額を転記します。）

⑱（課税売上高が5億円以下、かつ、課税売上割合が95％以上の場合）のB（税率7.8％適用分）欄

　28,044,900（⑰のB欄の金額を転記します。）

㉖（差引控除対象仕入税額）のA（税率6.24％適用分）欄　65,520（⑱のA欄の金額を転記します。）

　⇒付表1－3の④A欄に転記します。

㉖（差引控除対象仕入税額）のB（税率7.8％適用分）欄　28,044,900（⑱のB欄の金額を転記します。）

　⇒付表1－3の④B欄に転記します。

※　付表2－3の各欄の金額を横に合計して、C（合計）欄に記入します。

（3） 付表１−３で消費税額と地方消費税額を計算します。

④（控除対象仕入税額）のＡ（税率6.24％適用分）欄

65,520（付表２−３の㉖Ａの金額を転記します。）

⑦（控除税額小計）のＡ（税率6.24％適用分）欄

④65,520＋⑤0＋⑥0＝65,520

④（控除対象仕入税額）のＢ（税率7.8％適用分）欄

28,044,900（付表２−３の㉖Ｂの金額を転記します。）

⑦（控除税額小計）のＢ（税率7.8％適用分）欄

④28,044,900＋⑤54,600＋⑥7,800＝28,107,300

※　④と⑦のＡ、Ｂ欄を合計してＣ（合計）欄に記載し、第一表の各欄に転記します。

⑨（差引税額）のＣ（合計）欄

②Ｃ29,140,800＋③Ｃ0−⑦Ｃ28,172,820＝967,980

⇒967,900（百円未満切捨て）⇒第一表の⑨欄に転記します。

⑪（地方消費税の課税標準となる消費税額・差引税額）のＣ（合計）欄

⑨Ｃ967,900　⇒第一表の⑱及び第二表の⑳、㉓に転記します。

⑬（譲渡割額・納税額）のＣ（合計）欄

⑪Ｃ967,900×$\frac{22}{78}$＝272,997⇒272,900（百円未満切捨て）⇒第一表の⑳欄に転記します。

（4）　第二表

①（課税標準額）欄

373,600,000（付表１−３の①Ｃを転記）　⇒第一表の①欄に転記します。

⑪（消費税額）欄

29,140,800（付表１−３の②Ｃを転記）　⇒第一表の②欄に転記します。

⑰（返還等対価に係る税額）欄

54,600（付表１−３の⑤Ｃを転記）　⇒第一表の⑤欄に転記します。

（5）　第一表

⑨（差引税額）欄

②29,140,800＋③0−⑦28,172,820＝967,980　⇒967,900（百円未満切捨て）

⑩（中間納付税額）欄　250,000

⑪（納付税額）欄　⑨967,900−⑩250,000＝717,900

㉑（中間納付譲渡割額）欄　50,000

㉒（納付譲渡割額）欄　⑳272,900−㉑50,000＝222,900

㉖（消費税及び地方消費税の合計（納付又は還付）税額）欄

⑪717,900＋㉒222,900＝940,800

3．期末における消費税等についての経理処理

納付すべき消費税等の額が算出されましたので、次の仕訳を行い、仮払消費税等勘定と仮受消費税等勘定の清算をします。

〔仕訳〕

仮受消費税額等	37,290,000	仮払消費税額等	36,039,000
		中間納付消費税額等	300,000
		未払消費税額等	940,800
		消費税額等調整差額	10,200

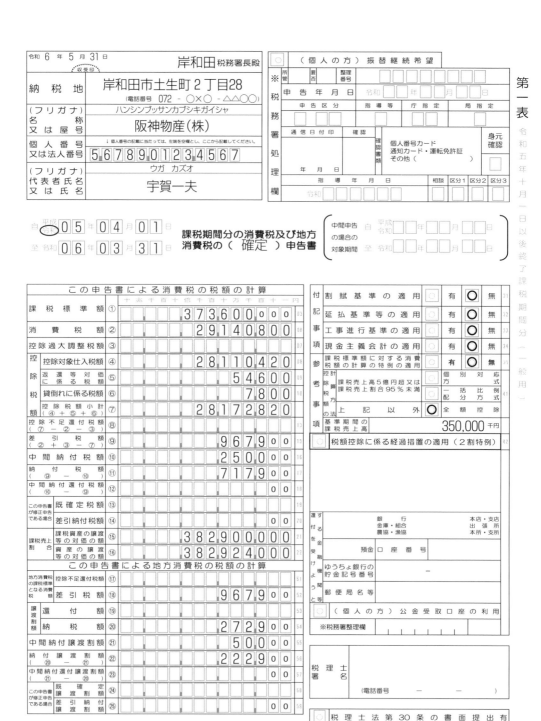

第2編 ▌▌▌ 設例による消費税等の確定申告書の書き方〔設例2〕

課税標準額等の内訳書

納税地	岸和田市土生町2丁目28
	（電話番号　072 － ○×○ － △△○○ ）
（フリガナ）	ハンシンブッサンカブシキガイシャ
法人名	阪神物産(株)
（フリガナ）	ウガ　カズオ
代表者氏名	宇賀一夫

整理番号 ☐☐☐☐☐☐☐☐　**法人用**

改正法附則による税額の特例計算		
軽減売上割合（10営業日）	○	附則38① 51
小売等軽減仕入割合	○	附則38② 52

第二表

自 令和 **05**年**04**月**01**日　　**課税期間分の消費税及び地方**
至 令和 **06**年**03**月**31**日　　**消費税の（　確定　）申告書**

（中間申告 自 令和 ☐☐年☐☐月☐☐日
の場合の
対象期間 至 令和 ☐☐年☐☐月☐☐日）

令和四年四月一日以後終了課税期間分

課税標準額 ※申告書（第一表）の①欄へ	①	十兆千百十億千百十万千百十一円 3 7 3 6 0 0 0 0 0	01

課税資産の譲渡等の対価の額の合計額	3　％適用分 ②		02
	4　％適用分 ③		03
	6.3　％適用分 ④		04
	6.24％適用分 ⑤		05
	7.8　％適用分 ⑥	3 7 3 6 0 0 0 0 0	06
	⑦	3 7 3 6 0 0 0 0 0	07
特定課税仕入れに係る支払対価の額の合計額 （注1）	6.3　％適用分 ⑧		11
	7.8　％適用分 ⑨		12
	⑩		13

消費税額 ※申告書（第一表）の②欄へ	⑪	2 9 1 4 0 8 0 0	21
⑪ の 内 訳	3　％適用分 ⑫		22
	4　％適用分 ⑬		23
	6.3　％適用分 ⑭		24
	6.24％適用分 ⑮		25
	7.8　％適用分 ⑯	2 9 1 4 0 8 0 0	26

返還等対価に係る税額 ※申告書（第一表）の⑤欄へ	⑰	5 4 6 0 0	31
⑰の内訳	売上げの返還等対価に係る税額 ⑱	5 4 6 0 0	32
	特定課税仕入れの返還等対価に係る税額 （注1） ⑲		33

地方消費税の課税標準となる消費税額 （注2）		⑳	9 6 7 9 0 0	41
	4　％適用分	㉑		42
	6.3　％適用分	㉒		43
	6.24%及び7.8%適用分	㉓	9 6 7 9 0 0	44

（注1）　⑧〜⑩及び⑲欄は、一般課税により申告する場合で、課税売上割合が95％未満、かつ、特定課税仕入れがある事業者のみ記載します。
（注2）　⑳〜㉓欄が還付税額となる場合はマイナス「－」を付してください。

125

付表1-3　税率別消費税額計算表　兼　地方消費税の課税標準となる消費税額計算表

一般

課　税　期　間		5・4・1 ～ 6・3・31	氏 名 又 は 名 称	阪神物産（株）

区　　　　　　　分		税 率 6.24 ％ 適 用 分 A	税 率 7.8 ％ 適 用 分 B	合　　　計　　　C (A＋B)
課　税　標　準　額	①	000 円	373,600,000 円	373,600,000 円 ※第二表の①欄へ
①の内訳　課 税 資 産 の 譲 渡 等 の　対　価　の　額	①-1	※第二表の⑤欄へ 0	※第二表の⑥欄へ 373,600,000	※第二表の⑦欄へ 373,600,000
特 定 課 税 仕 入 れ に 係 る 支 払 対 価 の 額	①-2	※①-2欄は、課税売上割合が95%未満、かつ、特定課税仕入れがある事業者のみ記載する。	※第二表の⑨欄へ	※第二表の⑩欄へ
消　　費　　税　　額	②	※第二表の⑮欄へ 0	※第二表の⑯欄へ 29,140,800	※第二表の⑪欄へ 29,140,800
控 除 過 大 調 整 税 額	③	（付表2-3の㉗・㉘A欄の合計金額）	（付表2-3の㉗・㉘B欄の合計金額）	※第一表の③欄へ
控　除　税　額　控 除 対 象 仕 入 税 額	④	（付表2-3の㉕A欄の金額） 65,520	（付表2-3の㉕B欄の金額） 28,044,900	※第一表の④欄へ 28,110,420
返 還 等 対 価 に 係 る 税 額	⑤	0	54,600	※第二表の⑰欄へ 54,600
⑤の内訳　売 上 げ の 返 還 等 対 価 に 係 る 税 額	⑤-1	0	54,600	※第二表の⑱欄へ 54,600
特 定 課 税 仕 入 れ の 返 還 等 対 価 に 係 る 税 額	⑤-2	※⑤-2欄は、課税売上割合が95%未満、かつ、特定課税仕入れがある事業者のみ記載する。		※第二表の⑲欄へ
貸 倒 れ に 係 る 税 額	⑥	0	7,800	※第一表の⑥欄へ 7,800
控 除 税 額 小 計 （④＋⑤＋⑥）	⑦	65,520	28,107,300	※第一表の⑦欄へ 28,172,820
控 除 不 足 還 付 税 額 （⑦－②－③）	⑧			※第一表の⑧欄へ
差　引　税　額 （②＋③－⑦）	⑨			※第一表の⑨欄へ 967,9 00
地方消費税の課税標準となる消費税額　控 除 不 足 還 付 税 額 （⑧）	⑩			※第一表の⑰欄へ ※マイナス「－」を付して第二表の㉑及び㉓欄へ
差　引　税　額 （⑨）	⑪			※第一表の⑱欄へ ※第二表の㉒及び㉓欄へ 967,9 00
譲渡割額　還　付　額	⑫			（⑩C欄×22/78） ※第一表の⑲欄へ
納　税　額	⑬			（⑪C欄×22/78） ※第一表の⑳欄へ 272,9 00

注意　金額の計算においては、1円未満の端数を切り捨てる。

第2編　設例による消費税等の確定申告書の書き方〔設例2〕

付表2-3　課税売上割合・控除対象仕入税額等の計算表　[一般]

課税期間	5・4・1～6・3・31	氏名又は名称	阪神物産(株)

項目		税率6.24%適用分 A	税率7.8%適用分 B	合計C (A+B)
課税売上額（税抜き）	①		372,900,000	372,900,000
免税売上額	②			10,000,000
非課税資産の輸出等の金額、海外支店等へ移送した資産の価額	③			
課税資産の譲渡等の対価の額（①＋②＋③）	④			382,900,000 ※第一表の⑮欄へ
課税資産の譲渡等の対価の額（④の金額）	⑤			382,900,000
非課税売上額	⑥			24,000
資産の譲渡等の対価の額（⑤＋⑥）	⑦			382,924,000 ※第一表の⑯欄へ
課税売上割合（④／⑦）	⑧			［99%］ ※端数切捨て
課税仕入れに係る支払対価の額（税込み）	⑨	1,134,000	395,505,000	396,639,000
課税仕入れに係る消費税額	⑩	65,520	28,044,900	28,110,420
適格請求書発行事業者以外の者から行った課税仕入れに係る経過措置の適用を受ける課税仕入れに係る支払対価の額（税込み）	⑪			
適格請求書発行事業者以外の者から行った課税仕入れに係る経過措置により課税仕入れに係る消費税額とみなされる額	⑫			
特定課税仕入れに係る支払対価の額	⑬		※⑬及び⑭欄は、課税売上割合が95%未満、かつ、特定課税仕入れがある事業者のみ記載する。	
特定課税仕入れに係る消費税額	⑭		（⑬B欄×7.8/100）	
課税貨物に係る消費税額	⑮	0	0	0
納税義務の免除を受けない（受ける）こととなった場合における消費税額の調整（加算又は減算）額	⑯			
課税仕入れ等の税額の合計額（⑩＋⑫＋⑭＋⑮±⑯）	⑰	65,520	28,044,900	28,110,420
課税売上高が5億円以下、かつ、課税売上割合が95%以上の場合（⑰の金額）	⑱	65,520	28,044,900	28,110,420
課税売上高が5億円超又は課税売上割合が95%未満の場合　個別対応方式　⑰のうち、課税売上げにのみ要するもの	⑲			
〃　個別対応方式　⑰のうち、課税売上げと非課税売上げに共通して要するもの	⑳			
〃　個別対応方式　個別対応方式により控除する課税仕入れ等の税額〔⑲＋（⑳×④／⑦）〕	㉑			
〃　一括比例配分方式により控除する課税仕入れ等の税額（⑰×④／⑦）	㉒			
控除税額の調整　課税売上割合変動時の調整対象固定資産に係る消費税額の調整（加算又は減算）額	㉓			
〃　調整対象固定資産を課税業務用（非課税業務用）に転用した場合の調整（加算又は減算）額	㉔			
〃　居住用賃貸建物を課税賃貸用に供した（譲渡した）場合の加算額	㉕			
差引　控除対象仕入税額〔(⑱、㉑又は㉒の金額)±㉓±㉔＋㉕〕がプラスの時	㉖	65,520 ※付表1-3の④A欄へ	28,044,900 ※付表1-3の④B欄へ	28,110,420
差引　控除過大調整税額〔(⑱、㉑又は㉒の金額)±㉓±㉔＋㉕〕がマイナスの時	㉗	※付表1-3の③A欄へ	※付表1-3の③B欄へ	
貸倒回収に係る消費税額	㉘	※付表1-3の③A欄へ	※付表1-3の③B欄へ	

注意
1　金額の計算においては、1円未満の端数を切り捨てる。
2　⑨、⑪及び⑬欄には、値引き、割戻し、割引きなど仕入対価の返還等の金額がある場合（仕入対価の返還等の金額を仕入金額から直接減額している場合を除く。）には、その金額を控除した後の金額を記載する。
3　⑪及び⑫欄の経過措置とは、所得税法等の一部を改正する法律（平成28年法律第15号）附則第52条又は第53条の適用がある場合をいう。

設例3

業種：住宅建築・土地売買業

消費税等について税抜経理で原則課税方式（課税売上割合が80%未満・一括比例配分方式を適用）

売上税額、仕入税額とも割戻し計算による

適格請求書発行事業者以外の者からの課税仕入れについて経過措置（80%控除）の適用あり

1．残高試算表と消費税等の申告基礎資料

設例3：松林不動産販売㈱（適格請求書発行事業者）

残 高 試 算 表		借方合計	貸方合計	資産の譲渡等		勘定科目ごと
勘 定 科 目 / 税 率 区 分				標準税率7.8%	軽減税率6.24%	標準税率10%分
売上高	土 地 売 上 高		1,500,000,000	1,500,000,000		
	建 物 売 上 高		500,000,000	500,000,000		
	仲介手数料収入		70,000,000	70,000,000		
	家賃収入・住宅貸付		12,000,000	12,000,000		
	家賃収入・事務所貸付		15,000,000	15,000,000		
原 価	土 地 仕 入 高	1,150,000,000				
	建 物 仕 入 高	420,000,000				420,000,000
販売費及び一般管理費	役 員 給 与	12,000,000				
	従 業 員 給 与	21,000,000				
	法 定 福 利 費	4,000,000				
	福 利 厚 生 費	3,000,000				2,500,000
	水 道 光 熱 費	2,000,000				2,000,000
	保 険 料	2,400,000				
	支 払 手 数 料	35,000,000				35,000,000
	交 際 費	12,000,000				7,000,000
	広 告 宣 伝 費	11,000,000				11,000,000
	租 税 公 課	25,000,000				
	旅 費 交 通 費	21,000,000				21,000,000
	修 繕 費	3,000,000				3,000,000
	貸 倒 損 失	1,500,000				
	雑 費	3,623,200				2,000,000
営業外収益	受 取 配 当		400,000			
	雑 収 入		7,000,000	5,000,000		
営業外費用	支 払 利 息	7,000,000				
	雑 損 失	10,000,000				
資 産	現 金 預 金	80,000,000				
	販 売 用 土 地	200,000,000				
	仮 払 金	2,500,000				
	中間納付消費税額等	5,000,000				
	貸 付 金	14,000,000				
	建 物	140,000,000				30,000,000
	器 具 及 び 備 品	21,000,000				
	土 地	275,000,000				
	投 資 有 価 証 券	5,300,000				
	保 証 金	9,000,000				
	保 険 積 立 金	5,700,000				
	仮 払 消 費 税 等	53,914,800				53,350,000
負 債	短 期 借 入 金		60,000,000			
	前 受 金		150,000,000			
	預 り 金		4,000,000			
	預 か り 保 証 金		17,000,000			
	仮 受 消 費 税 等		59,000,000	59,000,000		
資 本	資 本 金		20,000,000			
	繰 越 利 益		140,538,000			
合 計		2,554,938,000	2,554,938,000	2,161,000,000		586,850,000

税抜経理・原則課税方式
令和6年3月31日

調整事項 課税仕入れ			備考
の税率経過措置適用分	軽減税率8%分	左の税率経過措置適用分	
			非課税売上げ （4月1日〜9月30日）300,000,000　（10月1日〜3月31日）200,000,000 （4月1日〜9月30日）40,000,000　（10月1日〜3月31日）30,000,000
			非課税売上げ （4月1日〜9月30日）7,500,000　（10月1日〜3月31日）7,500,000
			「居住用賃貸建物」にはすべて該当しない （4月1日〜9月30日）220,000,000　（10月1日〜3月31日）200,000,000
	500,000		（4月1日〜9月30日）標準税率分1,350,000　軽減税率分 300,000 （10月1日〜3月31日）標準税率分1,150,000　軽減税率分 200,000 （4月1日〜9月30日）800,000　（10月1日〜3月31日）1,200,000
	5,000,000		（4月1日〜9月30日）16,000,000　（10月1日〜3月31日）19,000,000 （4月1日〜9月30日）標準税率分3,000,000　軽減税率分 2,800,000 （10月1日〜3月31日）標準税率分4,000,000　軽減税率分 2,200,000 （4月1日〜9月30日）6,000,000　（10月1日〜3月31日）5,000,000
1,020,000	400,000	203,200	（4月1日〜9月30日）12,000,000　（10月1日〜3月31日）9,000,000 （4月1日〜9月30日）3,000,000　貸事務所に係る修繕費 平成30年に貸し付けた貸付金の貸倒れ （4月1日〜9月30日）標準税率分 670,000　軽減税率分 250,000 （10月1日〜3月31日）標準税率分 1,330,000　軽減税率分 150,000 このほか適格請求書発行事業者以外の者からの課税仕入れの経過措置適用分 支払額1,100,000－仮払消費税等（経過措置）80,000=1,020,000（標準税率） 支払額216,000－仮払消費税等（経過措置）12,800=203,200（軽減税率）
			不課税取引 （4月1日〜9月30日）7,000,000 契約違約金2,000,000円、貸事務所に係る保証金のうち返還不要分5,000,000円
			契約違約金の支払
			（4月1日〜9月30日）30,000,000　新規に賃貸事務所用建物を取得した。
80,000	472,000	12,800	適格請求書発行事業者以外の者からの課税仕入れにつき経過措置を適用する仮払消費税等 （雑費）1,000,000×10%×80%=80,000 （雑費）200,000×8%×80%=12,800
			は非課税又は不課税取引
1,100,000	6,372,000	216,000	

２．消費税及び地方消費税の確定申告書の作成手順

　税抜経理による原則課税方式で、当課税期間の課税売上高は５億円を超えています。

　原則課税方式による場合、消費税額の計算は付表１－３と２－３を作成しますが、設例の場合、一括比例配分方式により控除対象仕入税額を計算します。また、当課税期間の売上げ及び仕入れについて、令和５年10月１日以後、適格請求書の発行と保存の要件を満たしています。

　なお、雑費の中には、適格請求書発行事業者以外の者からの課税仕入れがあり、経過措置（80％控除）を適用します。

　では、１の〔残高試算表等〕を基に説明していきます。

【作成手順】

　付表等の作成順序は次のとおりです。

　　⑴　付表１－３　①、②、⑤、⑥

　　⑵　付表２－３

　　⑶　付表１－３　④～⑬

　　⑷　第二表

　　⑸　第一表

　なお、中間納付した消費税等が申告書に記載したとおりあります。

（１）　付表１－３で消費税額を計算します。

　①－１（課税資産の譲渡等の対価の額）のＢ（税率7.8％適用分）欄

　500,000,000（建物）＋70,000,000（仲介手数料）＋15,000,000（事務所家賃）＋5,000,000（雑収入）＝590,000,000

　　⇒第二表の⑥欄に転記します。

　①（課税標準額）のＢ（税率7.8％適用分）欄

　590,000,000（①－１を転記して、千円未満を切捨て）

　②（消費税額）のＢ（税率7.8％適用分）欄

　　①Ｂ590,000,000×7.8％＝46,020,000　⇒第二表の⑯欄に転記します。

　⑤～⑥のＡ・Ｂ欄　該当なし

　（注）設例では貸付金につき貸倒れが発生していますが、控除税額には関係しません。

　※　各欄の金額をＣ（合計）欄に記入し、第一表と第二表の各欄に転記します。

（２）　付表２－３で課税売上割合を計算し、控除対象仕入税額を計算します。

　①（課税売上額（税抜き））のＢ欄

　590,000,000（付表１－３の①－１Ｂ）－0（売上値引額）＝590,000,000

　　⇒①のＣ（合計）欄に転記します。

② （免税売上額）のC（合計）欄　0

④ （課税資産の譲渡等の対価の額）のC（合計）欄

　①590,000,000＋②0＋③0＝590,000,000　⇒⑤のC（合計）欄に転記します。

⑥ （非課税売上額）のC（合計）欄

　1,500,000,000（土地）＋12,000,000（住宅家賃）＝1,512,000,000

⑦ （資産の譲渡等の対価の額）のC（合計）欄

　⑤C590,000,000＋⑥C1,512,000,000＝2,102,000,000

⑧ （課税売上割合）欄

　④C590,000,000÷⑦C2,102,000,000×100＝28.06…　⇒　28％（端数切捨て）

※　C（合計）欄の金額を第一表の各欄にそれぞれ転記します。

⑨ （課税仕入れに係る支払対価の額（税込み））のA（税率6.24％適用分）欄

　5,900,000（本体）＋472,000（税）＝6,372,000

⑨のB（税率7.8％適用分）欄

　533,500,000（本体）＋53,350,000（税）＝586,850,000

⑩ （課税仕入れに係る消費税額）のA（税率6.24％適用分）欄

　$6,372,000 \times \dfrac{6.24}{108} = 368,160$

⑩のB（税率7.8％適用分）欄

　$586,850,000 \times \dfrac{7.8}{110} = 41,613,000$

⑪ （適格請求書発行事業者以外の者から行った課税仕入れに係る経過措置の適用を受ける課税仕入れに係る支払対価の額（税込み））のA（税率6.24％適用分）欄

　216,000

⑪のB（税率7.8％適用分）欄

　1,100,000

⑫ （適格請求書発行事業者以外の者から行った課税仕入れに係る経過措置により課税仕入れに係る消費税額とみなされる額）のA（税率6.24％適用分）欄

　$216,000 \times \dfrac{6.24}{108} \times \dfrac{80}{100}$（経過措置）$= 9,984$

⑫のB（税率7.8％適用分）欄

　$1,100,000 \times \dfrac{7.8}{110} \times \dfrac{80}{100}$（経過措置）$= 62,400$

⑬～⑯のA・B欄　該当なし

⑰ （課税仕入れ等の税額の合計額）のA（税率6.24％適用分）欄

　⑩A368,160＋⑫A9,984＝378,144

⑰のB（税率7.8％適用分）欄

　⑩B41,613,000＋⑫B62,400＝41,675,400

㉒ （課税売上高が5億円超又は課税売上割合が95％未満の場合・一括比例配分方式により控除する課税仕入れ等の税額）のA（税率6.24％適用分）欄

⑰$378,144 \times \dfrac{④590,000,000}{⑦2,102,000,000} = 106,139$

㉒のB（税率7.8％適用分）欄

⑰$41,675,400 \times \dfrac{④590,000,000}{⑦2,102,000,000} = 11,697,662$

㉓～㉕のA・B欄　該当なし

㉖（差引控除対象仕入税額）のA（税率6.24％適用分）欄

106,139（㉒のA欄の金額を転記します。）⇒付表１－３の④A欄に転記します。

㉖のB（税率7.8％適用分）欄

11,697,662（㉒のB欄の金額を転記します。）⇒付表１－３の④B欄に転記します。

※　付表２－３の各欄の金額を横に合計して、C（合計）欄に記入します。

（3）　付表１－３で消費税額と地方消費税額を計算します。

①～③のA（税率6.24％適用分）欄　該当なし

④（控除対象仕入税額）のA欄

106,139（付表２－３の㉖Aの金額を転記します。）

⑦（控除税額小計）のA（税率6.24％適用分）欄

④106,139＋⑤0＋⑥0＝106,139

④（控除対象仕入税額）のB（税率7.8％適用分）欄

11,697,662（付表２－３の㉖Bの金額を転記します。）

⑦（控除税額小計）のB（税率7.8％適用分）欄

④11,697,662＋⑤0＋⑥0＝11,697,662

⑦の金額を横に合計して、C（合計）欄に転記します。

⑦A106,139＋⑦B11,697,662＝11,803,801

⑨（差引税額）のC（合計）欄

②46,020,000＋③0－⑦11,803,801＝34,216,199　⇒34,216,100（百円未満切捨て）

⑪（地方消費税の課税標準となる消費税額・差引税額）のC（合計）欄

⑨34,216,100

⑬（譲渡割額・納税額）のC（合計）欄

⑪C$34,216,100 \times \dfrac{22}{78} = 9,650,694$　⇒9,650,600（百円未満切捨て）

※　各欄の金額を横に合計し、それぞれ第一表と第二表に転記します。

（4）　第二表

①（課税標準額）欄

590,000,000（付表１－３の①Cを転記）　⇒第一表の①欄に転記します。

⑪（消費税額）欄

46,020,000（付表１－３の②Cを転記）　⇒第一表の②欄に転記します。

⑰（返還等対価に係る税額）欄

0　⇒第一表の⑤欄に転記します。

（5）第一表

⑨（差引税額）欄

②46,020,000＋③ 0 －⑦11,803,801＝34,216,199　⇒34,216,100（百円未満切捨て）

⑩（中間納付税額）欄　4,000,000

⑪（納付税額）欄　⑨34,216,100－⑩4,000,000＝30,216,100

㉑（中間納付譲渡割額）欄　1,000,000

㉒（納付譲渡割額）欄　⑳9,650,600－㉑1,000,000＝8,650,600

㉖（消費税及び地方消費税の合計（納付又は還付）税額）欄

⑪30,216,100＋㉒8,650,600＝38,866,700

3. 期末における消費税等についての経理処理

適格請求書発行事業者以外の者からの課税仕入れについて経過措置（80％控除）を適用しましたので、仮払消費税額等を再計算します。

53,350,000＋80,000（標準税率の経過措置適用分）＋472,000＋12,800（軽減税率の経過措置適用分）

＝53,914,800

納付すべき消費税等の金額が算出されましたので、仮払消費税等勘定及び仮受消費税等勘定の清算を行います。なお、当課税期間の課税売上割合が80％未満ですから、控除対象外消費税等の額を区分して、それぞれ当事業年度の損金の額に算入又は繰延消費税額等とします。

※　控除対象外消費税額等の計算

$53,914,800（仮払消費税額等）× \dfrac{590,000,000}{2,102,000,000}（課税売上割合）$

＝15,133,078（控除対象仕入税額等）

53,914,800（仮払消費税額等）－15,133,078（控除対象仕入税額等）

＝38,781,722（控除対象外消費税額等）

(1)　控除対象外消費税額等のうち棚卸資産に係るもの（按分計算）

38,781,722（控除対象外消費税額等）

$× \dfrac{420,000,000（建物仕入高）× \dfrac{10}{100}（標準税率）}{53,914,800（仮払消費税額等）}$

＝30,211,228　⇒租税公課勘定で損金経理し、当事業年度の損金の額に算入

(2) 控除対象外消費税額等のうち経費に係るもの
38,781,722（控除対象外消費税額等）

$$\times \frac{83,500,000 \times \frac{10}{100}（標準税率）+ 5,900,000 \times \frac{8}{100}（軽減税率）+ 1,000,000}{53,914,800（仮払消費税額等）}$$

$$\frac{\times \frac{10}{100}（標準税率）\times \frac{80}{100}（経過措置）+ 200,000 \times \frac{8}{100}（軽減税率）\times \frac{80}{100}（経過措置）}{}$$

$$=6,412,548$$

① 経費に係る控除対象外消費税額等のうち交際費等に係るもの
38,781,722（控除対象外消費税額等）×

$$\frac{7,000,000 \times \frac{10}{100}（標準税率）+ 5,000,000 \times \frac{8}{100}（軽減税率）}{53,914,800（仮払消費税額等）}$$

$$=791,246 \quad \Rightarrow 当事業年度に支出した交際費等の金額に加算$$

② 経費に係る控除対象外消費税額等のうち交際費等以外の経費に係るもの
$6,412,548 - 791,246 = 5,621,302$
⇒租税公課勘定で損金経理し、当事業年度の損金の額に算入

(3) 控除対象外消費税額等のうち固定資産に係るもの
38,781,722（控除対象外消費税額等）

$$\times \frac{30,000,000（賃貸用事務所取得金額）\times \frac{10}{100}（標準税率）}{53,914,800（仮払消費税額等）}=2,157,944$$

⇒繰延消費税額等

控除対象外消費税額等のうち棚卸資産に係るものは、損金経理により損金の額に算入されます。

経費に係るものは損金の額に算入されますが、そのうち交際費等に係るものは、当事業年度に支出した交際費等の額に加算します。

一方、固定資産に係るものは、課税売上割合が80％未満である場合、原則として繰延消費税額等として60か月で均等額を損金経理により損金の額に算入します。

なお、固定資産に係る控除対象外消費税額等の発生原因となった個々の資産ごとに判定して、その控除対象外消費税額等の額が20万円未満のものについては、損金経理により一時の損金とすることができます。

設例の場合には、固定資産に係る控除対象外消費税額等の額は、賃貸事務所用建物の取得に係るもので20万円以上ですから、原則どおり繰延消費税額等の処理をします。

当事業年度の固定資産に係る繰延消費税額等の償却限度額は次のとおりです。

　　2,157,944（繰延消費税額等）$\times \dfrac{12}{60} \times \dfrac{1}{2}$（初年度）＝215,794

　　（注）発生初年度は$\dfrac{1}{2}$を乗じることになっています（84ページ参照）。

　⇒損金経理することで、当事業年度の損金の額に算入されます。

　　当事業年度末の繰延消費税額等の残高は、2,157,944－215,794＝1,942,150となります。

〔仕訳〕

仮受消費税額等	59,000,000	仮払消費税額等	53,914,800
租税公課（棚卸資産）	30,211,228	中間納付消費税額等	5,000,000
租税公課（経費）	5,621,302	未払消費税額等	38,866,700
交際費等	791,246	消費税額等調整差額	220
繰延消費税額等	1,942,150		
繰延消費税額等償却	215,794		

　なお、雑費に計上された適格請求書発行事業者以外の者からの課税仕入れに係る仮払消費税額等116,000（100,000＋16,000）のうち経過措置の適用対象とならなかった23,200 $\left(116,000 - 116,000 \times \dfrac{80}{100}\right)$ は、取引発生時に雑費に加算します。

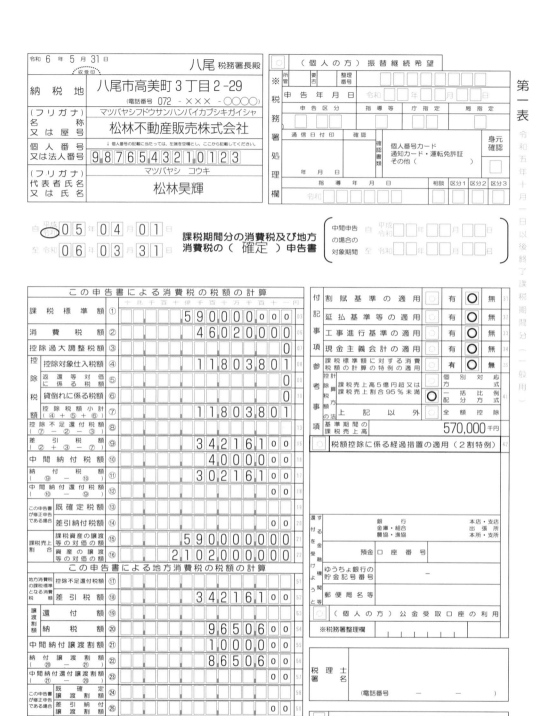

課税標準額等の内訳書

整理番号										法人用

納税地	八尾市高美町3丁目2-29
	（電話番号　072 － ××× － ○○○○）
（フリガナ）	マツバヤシフドウサンハンバイカブシキガイシャ
法人名	松林不動産販売株式会社
（フリガナ）	マツバヤシ　コウキ
代表者氏名	松林昊輝

改正法附則による税額の特例計算

軽減売上割合（10営業日）	○	附則38①	51
小売等軽減仕入割合	○	附則38②	52

第二表

自 令和 05年 04月 01日　　**課税期間分の消費税及び地方消費税の（　確定　）申告書**

至 令和 06年 03月 31日

中間申告 自 令和　　年　　月　　日
の場合の
対象期間 至 令和　　年　　月　　日

令和四年四月一日以後終了課税期間分

課税標準額 ※申告書（第一表）の①欄へ	①	590000000	01

課税資産の譲渡等の対価の額の合計額	3％適用分	②		02
	4％適用分	③		03
	6.3％適用分	④		04
	6.24％適用分	⑤		05
	7.8％適用分	⑥	590000000	06
		⑦	590000000	07
特定課税仕入れに係る支払対価の額の合計額　（注1）	6.3％適用分	⑧		11
	7.8％適用分	⑨		12
		⑩		13

消費税額 ※申告書（第一表）の②欄へ	⑪	46020000	21
⑪の内訳	3％適用分	⑫		22
	4％適用分	⑬		23
	6.3％適用分	⑭		24
	6.24％適用分	⑮		25
	7.8％適用分	⑯	46020000	26

返還等対価に係る税額 ※申告書（第一表）の⑤欄へ	⑰	0	31
⑰の内訳	売上げの返還等対価に係る税額	⑱	0	32
	特定課税仕入れの返還等対価に係る税額　（注1）	⑲		33

地方消費税の課税標準となる消費税額　（注2）		⑳	34216100	41
	4％適用分	㉑		42
	6.3％適用分	㉒		43
	6.24％及び7.8％適用分	㉓	34216100	44

（注1）　⑧〜⑩及び⑲欄は、一般課税により申告する場合で、課税売上割合が95％未満、かつ、特定課税仕入れがある事業者のみ記載します。
（注2）　⑳〜㉓欄が還付税額となる場合はマイナス「－」を付してください。

付表1-3　税率別消費税額計算表　兼　地方消費税の課税標準となる消費税額計算表　　　　　　　　一　般

課　税　期　間	5 ・4 ・1 ～ 6 ・3 ・31	氏名又は名称	松林不動産販売(株)

区　　　　　分		税率 6.24 % 適用分 A	税率 7.8 % 適用分 B	合　　計　　C (A+B)
課　税　標　準　額	①	円 000	円 590,000,000	※第二表の①欄へ　円 590,000,000
①の内訳 課税資産の譲渡等の対価の額	①-1	※第二表の⑤欄へ 0	※第二表の⑥欄へ 590,000,000	※第二表の⑦欄へ 590,000,000
特定課税仕入れに係る支払対価の額	①-2	※①-2欄は、課税売上割合が95%未満、かつ、特定課税仕入れがある事業者のみ記載する。	※第二表の⑪欄へ	※第二表の⑩欄へ
消　　費　　税　　額	②	※第二表の⑮欄へ 0	※第二表の⑯欄へ 46,020,000	※第二表の⑪欄へ 46,020,000
控 除 過 大 調 整 税 額	③	(付表2-3の㉗・㉘A欄の合計金額)	(付表2-3の㉗・㉘B欄の合計金額)	※第一表の③欄へ
控除税額 控除対象仕入税額	④	(付表2-3の㉖A欄の金額) 106,139	(付表2-3の㉖B欄の金額) 11,697,662	※第一表の④欄へ 11,803,801
返 還 等 対 価 に 係 る 税 額	⑤	0	0	※第二表の⑰欄へ 0
⑤の内訳 売上げの返還等対価に係る税額	⑤-1	0	0	※第二表の⑱欄へ 0
特定課税仕入れの返還等対価に係る税額	⑤-2	※⑤-2欄は、課税売上割合が95%未満、かつ、特定課税仕入れがある事業者のみ記載する。		※第二表の⑲欄へ
貸 倒 れ に 係 る 税 額	⑥	0	0	※第一表の⑥欄へ 0
控 除 税 額 小 計 (④+⑤+⑥)	⑦	106,139	11,697,662	※第一表の⑦欄へ 11,803,801
控 除 不 足 還 付 税 額 (⑦-②-③)	⑧			※第一表の⑧欄へ
差 引 税 額 (②+③-⑦)	⑨			※第一表の⑨欄へ 34,216,100
地方消費税の課税標準となる消費税額 控除不足還付税額 (⑧)	⑩			※第一表の⑰欄へ ※マイナス「-」を付して第二表の㉑及び㉓欄へ
差 引 税 額 (⑨)	⑪			※第一表の⑱欄へ ※第二表の㉑及び㉓欄へ 34,216,100
譲渡割額 還 付 額	⑫			(⑩C欄×22/78) ※第一表の⑲欄へ
納 税 額	⑬			(⑪C欄×22/78) ※第一表の⑳欄へ 9,650,600

注意　金額の計算においては、1円未満の端数を切り捨てる。

140

第2編　　設例による消費税等の確定申告書の書き方〔設例3〕

付表2-3　　課税売上割合・控除対象仕入税額等の計算表　　　　　　　　　　　　　　　　　　一 般

課 税 期 間	5・4・1~6・3・31	氏 名 又 は 名 称	松林不動産販売(株)

項　目			税率 6.24 % 適用分 A	税率 7.8 % 適用分 B	合 計 C (A+B)
課 税 売 上 額 （ 税 抜 き ）		①	円	590,000,000 円	590,000,000 円
免 税 売 上 額		②			0
非 課 税 資 産 の 輸 出 等 の 金 額 、 海 外 支 店 等 へ 移 送 し た 資 産 の 価 額		③			
課税資産の譲渡等の対価の額（①＋②＋③）		④			※第一表の⑮欄へ 590,000,000
課税資産の譲渡等の対価の額（④の金額）		⑤			590,000,000
非 課 税 売 上 額		⑥			1,512,000,000
資 産 の 譲 渡 等 の 対 価 の 額 （ ⑤ ＋ ⑥ ）		⑦			※第一表の⑯欄へ 2,102,000,000
課 税 売 上 割 合 （ ④ ／ ⑦ ）		⑧			〔 28 %〕 ※端数切捨て
課 税 仕 入 れ に 係 る 支 払 対 価 の 額 （ 税 込 み ）		⑨	6,372,000	586,850,000	593,222,000
課 税 仕 入 れ に 係 る 消 費 税 額		⑩	368,160	41,613,000	41,981,160
適格請求書発行事業者以外の者から行った課税仕入れに係る経過措置の適用を受ける課税仕入れに係る支払対価の額（税込み）		⑪	216,000	1,100,000	1,316,000
適格請求書発行事業者以外の者から行った課税仕入れに係る経過措置により課税仕入れに係る消費税額とみなされる額		⑫	9,984	62,400	72,384
特 定 課 税 仕 入 れ に 係 る 支 払 対 価 の 額		⑬	※⑬及び⑭欄は、課税売上割合が95%未満、かつ、特定課税仕入れがある事業者のみ記載する。		
特 定 課 税 仕 入 れ に 係 る 消 費 税 額		⑭		(⑬B欄×7.8/100)	
課 税 貨 物 に 係 る 消 費 税 額		⑮			
納 税 義 務 の 免 除 を 受 け な い （ 受 け る ） こ と と な っ た 場 合 に お け る 消 費 税 額 の 調 整 （ 加 算 又 は 減 算 ） 額		⑯			
課 税 仕 入 れ 等 の 税 額 の 合 計 額 （⑩＋⑫＋⑭＋⑮＋⑯）		⑰	378,144	41,675,400	42,053,544
課 税 売 上 高 が 5 億 円 以 下 、 か つ 、 課 税 売 上 割 合 が 95 % 以 上 の 場 合 （⑰の金額）		⑱			
課税売上高が5億円超又は課税売上割合が95%未満の場合	個別対応方式	⑰のうち、課税売上げにのみ要するもの ⑲			
		⑰のうち、課税売上げと非課税売上げに共通して要するもの ⑳			
		個別対応方式により控除する課税仕入れ等の税額 〔⑲＋（⑳×④／⑦）〕 ㉑			
	一括比例配分方式により控除する課税仕入れ等の税額 （⑰×④／⑦）	㉒	106,139	11,697,662	11,803,801
控除税額の調整	課税売上割合変動時の調整対象固定資産に係る消費税額の調整（加算又は減算）額	㉓			
	調整対象固定資産を課税業務用（非課税業務用）に転用した場合の調整（加算又は減算）額	㉔			
	居住用賃貸建物を課税賃貸用に供した（譲渡した）場合の加算額	㉕			
差引	控 除 対 象 仕 入 税 額 〔（⑱、㉑又は㉒の金額）±㉓±㉔＋㉕〕がプラスの時	㉖	※付表1-3の④A欄へ 106,139	※付表1-3の④B欄へ 11,697,662	11,803,801
	控 除 過 大 調 整 税 額 〔（⑱、㉑又は㉒の金額）±㉓±㉔＋㉕〕がマイナスの時	㉗	※付表1-3の③A欄へ	※付表1-3の③B欄へ	
貸 倒 回 収 に 係 る 消 費 税 額		㉘	※付表1-3の③A欄へ	※付表1-3の③B欄へ	

注意
1　金額の計算においては、1円未満の端数を切り捨てる。
2　⑨、⑪及び⑬欄には、値引き、割戻し、割引きなど仕入対価の返還等の金額がある場合（仕入対価の返還等の金額を仕入金額から直接減額している場合を除く。）には、その金額を控除した後の金額を記載する。
3　⑪及び⑫欄の経過措置とは、所得税法等の一部を改正する法律（平成28年法律第15号）附則第52条又は第53条の適用がある場合をいう。

141

設例4

業種：住宅建築・土地売買業

消費税等について税抜経理で原則課税方式（課税売上割合が80％未満・個別対応方式を適用）

売上税額は割戻し計算、仕入税額は帳簿積上げ計算による

適格請求書発行事業者以外の者からの課税仕入れについて経過措置（80％控除）の適用あり

＊この設例4は、設例3の法人が仕入税額の計算において同じ残高試算表をもとに、①原則課税の個別対応方式によること、②帳簿積上げ計算によることの2点で相違します。ただし、②の帳簿積上げ計算による仕入税額の控除は、令和5年10月1日からのインボイス制度の開始と連動していますので、設例設定の妥当性に鑑み、事業年度及び課税期間を令和5.10.1～6.9.30に変更してその平仄をそろえています。

1．残高試算表と消費税の申告基礎資料

設例4：松林不動産販売㈱（適絡請求書発行事業者）

<table>
<tr><th colspan="6">残 高 試 算 表</th></tr>
<tr><th rowspan="2">勘 定 科 目
税 率 区 分</th><th rowspan="2">借方合計</th><th rowspan="2">貸方合計</th><th colspan="3">資産の譲渡等</th></tr>
<tr><th>標準税率7.8%</th><th>軽減税率6.24%</th><th>標準税率10%分</th></tr>
<tr><td rowspan="5">売上高</td></tr>
<tr><td>土 地 売 上 高</td><td></td><td>1,500,000,000</td><td>1,500,000,000</td><td></td><td></td></tr>
<tr><td>建 物 売 上 高</td><td></td><td>500,000,000</td><td>500,000,000</td><td></td><td></td></tr>
<tr><td>仲 介 手 数 料 収 入</td><td></td><td>70,000,000</td><td>70,000,000</td><td></td><td></td></tr>
<tr><td>家賃収入・住宅貸付</td><td></td><td>12,000,000</td><td>12,000,000</td><td></td><td></td></tr>
<tr><td>家賃収入・事務所貸付</td><td></td><td>15,000,000</td><td>15,000,000</td><td></td><td></td></tr>
<tr><td rowspan="2">原価</td><td>土 地 仕 入 高</td><td>1,150,000,000</td><td></td><td></td><td></td><td></td></tr>
<tr><td>建 物 仕 入 高</td><td>420,000,000</td><td></td><td></td><td></td><td>420,000,000</td></tr>
<tr><td rowspan="17">販売費及び一般管理費</td><td>役 員 給 与</td><td>12,000,000</td><td></td><td></td><td></td><td></td></tr>
<tr><td>従 業 員 給 与</td><td>21,000,000</td><td></td><td></td><td></td><td></td></tr>
<tr><td>法 定 福 利 費</td><td>4,000,000</td><td></td><td></td><td></td><td></td></tr>
<tr><td>福 利 厚 生 費</td><td>3,000,000</td><td></td><td></td><td></td><td>2,500,000</td></tr>
<tr><td>水 道 光 熱 費</td><td>2,000,000</td><td></td><td></td><td></td><td>2,000,000</td></tr>
<tr><td>保 険 料</td><td>2,400,000</td><td></td><td></td><td></td><td></td></tr>
<tr><td>支 払 手 数 料</td><td>35,000,000</td><td></td><td></td><td></td><td>35,000,000</td></tr>
<tr><td>交 際 費</td><td>12,000,000</td><td></td><td></td><td></td><td>7,000,000</td></tr>
<tr><td>広 告 宣 伝 費</td><td>11,000,000</td><td></td><td></td><td></td><td>11,000,000</td></tr>
<tr><td>租 税 公 課</td><td>25,000,000</td><td></td><td></td><td></td><td></td></tr>
<tr><td>旅 費 交 通 費</td><td>21,000,000</td><td></td><td></td><td></td><td>21,000,000</td></tr>
<tr><td>修 繕 費</td><td>3,000,000</td><td></td><td></td><td></td><td>3,000,000</td></tr>
<tr><td>貸 倒 損 失</td><td>1,500,000</td><td></td><td></td><td></td><td></td></tr>
<tr><td>雑 費</td><td>3,623,200</td><td></td><td></td><td></td><td>2,000,000
他に経過措置適用分
1,100,000（支払額）</td></tr>
<tr><td rowspan="2">営業外収益</td><td>受 取 配 当</td><td></td><td>400,000</td><td></td><td></td><td></td></tr>
<tr><td>雑 収 入</td><td></td><td>7,000,000</td><td>5,000,000</td><td></td><td></td></tr>
<tr><td rowspan="2">営業外費用</td><td>支 払 利 息</td><td>7,000,000</td><td></td><td></td><td></td><td></td></tr>
<tr><td>雑 損 失</td><td>10,000,000</td><td></td><td></td><td></td><td></td></tr>
<tr><td rowspan="12">資産</td><td>現 金 預 金</td><td>80,000,000</td><td></td><td></td><td></td><td></td></tr>
<tr><td>販 売 用 土 地</td><td>200,000,000</td><td></td><td></td><td></td><td></td></tr>
<tr><td>仮 払 金</td><td>2,500,000</td><td></td><td></td><td></td><td></td></tr>
<tr><td>中間納付消費税額等</td><td>5,000,000</td><td></td><td></td><td></td><td></td></tr>
<tr><td>貸 付 金</td><td>14,000,000</td><td></td><td></td><td></td><td></td></tr>
<tr><td>建 物</td><td>140,000,000</td><td></td><td></td><td></td><td>30,000,000</td></tr>
<tr><td>器 具 及 び 備 品</td><td>21,000,000</td><td></td><td></td><td></td><td></td></tr>
<tr><td>土 地</td><td>275,000,000</td><td></td><td></td><td></td><td></td></tr>
<tr><td>投 資 有 価 証 券</td><td>5,300,000</td><td></td><td></td><td></td><td></td></tr>
<tr><td>保 証 金</td><td>9,000,000</td><td></td><td></td><td></td><td></td></tr>
<tr><td>保 険 積 立 金</td><td>5,700,000</td><td></td><td></td><td></td><td></td></tr>
<tr><td>仮 払 消 費 税 等</td><td>53,914,800</td><td></td><td></td><td></td><td></td></tr>
<tr><td rowspan="5">負債</td><td>短 期 借 入 金</td><td></td><td>60,000,000</td><td></td><td></td><td></td></tr>
<tr><td>前 受 金</td><td></td><td>150,000,000</td><td></td><td></td><td></td></tr>
<tr><td>預 り 金</td><td></td><td>4,000,000</td><td></td><td></td><td></td></tr>
<tr><td>預 か り 保 証 金</td><td></td><td>17,000,000</td><td></td><td></td><td></td></tr>
<tr><td>仮 受 消 費 税 等</td><td></td><td>59,000,000</td><td>59,000,000</td><td></td><td></td></tr>
<tr><td rowspan="2">資本</td><td>資 本 金</td><td></td><td>20,000,000</td><td></td><td></td><td></td></tr>
<tr><td>繰 越 利 益</td><td></td><td>140,538,000</td><td></td><td></td><td></td></tr>
<tr><td colspan="2">合 計</td><td>2,554,938,000</td><td>2,554,938,000</td><td>2,161,000,000</td><td></td><td>533,500,000
他に経過措置適用分
1,100,000（支払額）</td></tr>
</table>

第2編 設例による消費税等の確定申告書の書き方〔設例4〕

課税仕入れに係る帳簿積上げ税額の計算は、インボイス制度が開始される令和5年10月1日から適用されます。ご留意ください。

税抜経理・原則課税方式

令和6年9月30日

勘定科目ごとの調整事項			備	考
課税仕入れ				
簿積上げ税額	軽減税率8%分	帳簿積上げ税額		
			非課税売上げ	
			非課税売上げ	
42,000,000			「居住用賃貸建物」にはすべて該当しない	
250,000	500,000	40,000		
200,000				
3,500,000			建物に係る支払手数料5,000,000（消費税等500,000） 土地に係る支払手数料30,000,000（消費税等3,000,000）	
700,000	5,000,000	400,000		
1,100,000				
2,100,000				
300,000			貸事務所に係る修繕費	
			平成30年に貸し付けた貸付金の貸倒れ	
			適格請求書発行事業者以外の者からの課税仕入れの経過措置適用	
200,000 に経過措置適用分	400,000 他に経過措置適用分	32,000 他に経過措置適用分	支払額 $1,100,000 \times \frac{100}{110} \times 10\%$（標準税率）$\times 80\%$（経過措置）$= 80,000$（雑費は1,020,000）	
80,000	216,000（支払額）	12,800	支払額 $216,000 \times \frac{100}{108} \times 8\%$（軽減税率）$\times 80\%$（経過措置）$= 12,800$（雑費は203,200）	
			不課税取引	
			契約違約金2,000,000、貸事務所に係る保証金のうち返還不要分5,000,000	
			契約違約金の支払	
3,000,000			新規に賃貸事務所用建物を取得した。	
53,350,000 批に経過措置適用分		472,000 他に経過措置適用分	適格請求書発行事業者以外の者からの課税仕入れにつき経過措置を適用する 仮払消費税等92,800（標準税率80,000、軽減税率12,800）	
80,000		12,800		
			は非課税又は不課税取引	
53,350,000 批に経過措置適用分	5,900,000 他に経過措置適用分	472,000 他に経過措置適用分		
80,000	216,000（支払額）	12,800		

２．消費税及び地方消費税の確定申告書の作成手順

　税抜経理による原則課税方式で、当課税期間の課税売上高は５億円を超えています。

　原則課税方式による場合、消費税額の計算は付表１－３と２－３を作成しますが、設例の場合、個別対応方式により控除対象仕入税額を計算します。また、当課税期間の売上げ及び仕入れについて適格請求書の発行と保存の要件を満たしています。

　なお、雑費の中には、適格請求書発行事業者以外の者からの課税仕入れがあり、経過措置（80％控除）を適用します。

　では、１の〔残高試算表等〕を基に説明していきます。

【作成手順】

　付表等の作成順序は次のとおりです。

　　(1)　付表１－３　①、②、⑤、⑥

　　(2)　付表２－３

　　(3)　付表１－３　④～⑬

　　(4)　第二表

　　(5)　第一表

　なお、中間納付した消費税等が申告書に記載したとおりあります。

（１）　付表１－３で消費税額を計算します。

　①－１（課税資産の譲渡等の対価の額）のＢ（税率7.8％適用分）欄

　　500,000,000（建物）＋70,000,000（仲介手数料）＋15,000,000（事務所家賃）＋5,000,000（雑収入）＝590,000,000

　　⇒第二表の⑥欄に転記します。

　①（課税標準額）のＢ（税率7.8％適用分）欄

　　590,000,000（①－１を転記して、千円未満を切捨て）

　②（消費税額）のＢ（税率7.8％適用分）欄

　　①Ｂ590,000,000×7.8％＝46,020,000　⇒第二表の⑯欄に転記します。

　⑤～⑥のＡ・Ｂ欄　該当なし

　　(注)　設例では貸付金につき貸倒れが発生していますが、控除税額には関係しません。

　　※　各欄の金額をＣ（合計）欄に記入し、第一表と第二表の各欄に転記します。

（２）　付表２－３で課税売上割合を計算し、控除対象消費税額を計算します。

　①（課税売上額（税抜き））のＢ欄

　　590,000,000（付表１－３の①－１のＢ）－0（売上値引額）＝590,000,000

　　⇒①のＣ欄に転記します。

　②（免税売上額）のＣ（合計）欄　0

④（課税資産の譲渡等の対価の額）のC（合計）欄

　①590,000,000＋②0＋③0＝590,000,000　⇒⑤のC（合計）欄に転記します。

⑥（非課税売上額）のC（合計）欄

　1,500,000,000（土地）＋12,000,000（住宅家賃）＝1,512,000,000

⑦（資産の譲渡等の対価の額）のC（合計）欄

　⑤C590,000,000＋⑥C1,512,000,000＝2,102,000,000

⑧（課税売上割合）欄

　④C590,000,000÷⑦C2,102,000,000×100＝28.06…　⇒　28％（端数切捨て）

※　C（合計）欄の金額を第一表の各欄にそれぞれ転記します。

⑨（課税仕入れに係る支払対価の額（税込み））のA（税率6.24％適用分）欄

　5,900,000（本体）＋472,000（税）＝6,372,000

⑨のB（税率7.8％適用分）欄

　533,500,000（本体）＋53,350,000（税）＝586,850,000

⑩（課税仕入れに係る消費税額）のA（税率6.24％適用分）欄

　$472,000 \times \dfrac{78}{100} = 368,160$

⑩のB（税率7.8％適用分）欄

　$53,350,000 \times \dfrac{78}{100} = 41,613,000$

⑪（適格請求書発行事業者以外の者から行った課税仕入れに係る経過措置の適用を受ける課税仕入れに係る支払対価の額（税込み））のA（税率6.24％適用分）欄

　216,000

⑪のB（税率7.8％適用分）欄

　1,100,000

⑫（適格請求書発行事業者以外の者から行った課税仕入れに係る経過措置により課税仕入れに係る消費税額とみなされる額）のA（税率6.24％適用分）欄

　$12,800 \times \dfrac{78}{100} = 9,984$

⑫のB（税率7.8％適用分）欄

　$80,000 \times \dfrac{78}{100} = 62,400$

⑬～⑯のA・B欄　該当なし

⑰（課税仕入れ等の税額の合計額）のA（税率6.24％適用分）欄　⑩368,160＋⑫9,984＝378,144

⑰のB（税率7.8％適用分）欄　⑩41,613,000＋⑫62,400＝41,675,400

⑲（課税売上高が5億円超又は課税売上割合が95％未満の場合・個別対応方式）

　（⑰のうち、課税売上げのみに要するもの）のA（税率6.24％適用分）欄　　0

⑳（⑰のうち、課税売上げと非課税売上げに共通して要するもの）のA（税率6.24％適用分）欄

　378,144

㉑（個別対応方式により控除する課税仕入れ等の税額）のＡ（税率6.24％適用分）欄

$$⑲ 0 + ⑳378,144 × \frac{④590,000,000}{⑦2,102,000,000} = 106,139$$

⑲のＢ（税率7.8％適用分）欄

（42,000,000（建物仕入）+500,000（支払手数料）+300,000（修繕費）+3,000,000

$$（建物取得））× \frac{78}{100} = 35,724,000$$

⑳のＢ（税率7.8％適用分）欄

（250,000（福利厚生費）+200,000（水道光熱費）+700,000（交際費）+1,100,000（広

告宣伝費）+2,100,000（旅費交通費）+280,000（経過措置適用分を含む雑費））$× \dfrac{78}{100}$

$$= 3,611,400$$

（注）これらの経費に係る消費税等は、課税売上げと非課税売上げに共通して要するもので
す。

㉑のＢ（税率7.8％適用分）欄

$$⑲35,724,000 + ⑳3,611,400 × \frac{④590,000,000}{⑦2,102,000,000} = 36,737,666$$

㉓～㉕のＡ・Ｂ欄　該当なし

㉖（差引控除対象仕入税額）のＡ（税率6.24％適用分）欄

106,139（㉑のＡ欄の金額を転記します。）　⇒付表１－３の④Ａ欄に転記します。

㉖（差引控除対象仕入税額）のＢ（税率7.8％適用分）欄

36,737,666（㉑のＢ欄の金額を転記します。）　⇒付表１－３の④Ｂ欄に転記します。

※　付表２－３の各欄の金額を横に合計して、Ｃ（合計）欄に記入します。

（3）　付表１－３で消費税額と地方消費税額を計算します。

①～③のＡ（税率6.24％適用分）欄　該当なし

④（控除対象仕入税額）のＡ欄

106,139（付表２－３の㉖Ａの金額を転記します。）

④（控除対象仕入税額）のＢ（税率7.8％適用分）欄

36,737,666（付表２－３の㉖Ｂの金額を転記します。）

⑦（控除税額小計）のＡ（税率6.24％適用分）欄

④106,139+⑤0+⑥0 = 106,139

⑦（控除税額小計）のＢ（税率7.8％適用分）欄

④36,737,666+⑤0+⑥0 = 36,737,666

⑦の金額を横に合計して、Ｃ（合計）欄に転記します。

⑦Ａ106,139+⑦Ｂ36,737,666 = 36,843,805

⑨（差引税額）のＣ（合計）欄

②46,020,000+③0-⑦36,843,805 = 9,176,195　⇒9,176,100（百円未満切捨て）

⑪（地方消費税の課税標準となる消費税額・差引税額）のＣ（合計）欄

第2編 ▌設例による消費税等の確定申告書の書き方〔設例4〕

⑨9,176,100

⑬（譲渡割額の納税額）・C（合計）欄

⑪C9,176,100 × $\dfrac{22}{78}$ = 2,588,130 ⇒2,588,100（百円未満切捨て）

※ 各欄の金額を横に合計してC（合計）欄に記入し、それぞれ第一表と第二表に転記します。

（4）第二表

① （課税標準額）欄

590,000,000（付表1-3の①Cを転記） ⇒第一表の①に転記します。

⑪ （消費税額）欄

46,020,000（付表1-3の②Cを転記） ⇒第一表の②に転記します。

⑰ （返還等対価に係る税額）欄

0 ⇒第一表の⑤に転記します。

（5）第一表

⑨ （差引税額）欄

②46,020,000 + ③0 - ⑦36,843,805 = 9,176,195 ⇒9,176,100（百円未満切捨て）

⑩ （中間納付税額）欄 4,000,000

⑪ （納付税額）欄 ⑨9,176,100 - ⑩4,000,000 = 5,176,100

㉑ （中間納付譲渡割額）欄 1,000,000

㉒ （納付譲渡割額）欄 ⑳2,588,100 - ㉑1,000,000 = 1,588,100

㉖ （消費税及び地方消費税の合計（納付又は還付）税額）欄

⑪5,176,100 + ㉒1,588,100 = 6,764,200

3. 期末における消費税等についての経理処理

適格請求書発行事業者以外の者からの課税仕入れについて経過措置（80％控除）を適用しましたので、仮払消費税額等を再計算します。

53,350,000 + 80,000（標準税率の経過措置適用分）＋472,000 + 12,800（軽減税率の経過措置適用分）=

53,914,800

納付すべき消費税等の金額が算出されましたので、仮払消費税等勘定及び仮受消費税等勘定の清算を行います。なお、当課税期間の課税売上割合が80％未満ですから、控除対象外消費税等の額を区分して、それぞれ当事業年度の損金の額に算入又は繰延消費税額等とします。

※ 控除対象外消費税額等の計算

・仮払消費税額等のうち非課税売上げにのみ要するもの

149

3,000,000（土地に係る支払手数料）

・仮払消費税額等のうち課税売上げと非課税売上げに共通して要するもの

標準税率⇒250,000（福利厚生費）＋200,000（水道光熱費）＋700,000（交際費）＋
1,100,000（広告宣伝費）＋2,100,000（旅費交通費）＋200,000（雑費）
＝4,550,000

〃 ⇒（経過措置適用分）80,000（雑費）

軽減税率⇒40,000（福利厚生費）＋400,000（交際費）＋32,000（雑費）＝472,000

〃 ⇒（経過措置適用分）12,800（雑費）

合 計⇒5,114,800

控除対象外消費税額等⇒$5,114,800 \times \left(1 - \dfrac{590,000,000}{2,102,000,000}（課税売上割合）\right)$
　　　　　　　　　　　　＝3,679,152

・合 計 3,000,000＋3,679,152＝6,679,152（控除対象外消費税額等）

(1) このうち交際費等に係る控除対象外消費税額等は、当事業年度に支出した交際
費等の額に加算します。

700,000（標準税率）＋400,000（軽減税率）＝1,100,000

$1,100,000 \times \left(1 - \dfrac{590,000,000}{2,102,000,000}（課税売上割合）\right)$

＝791,246（控除対象外消費税額等のうち交際費等に係るもの）

(2) 経費に係る控除対象外消費税額等のうち交際費等以外の経費に係るものは、下
記のとおり租税公課勘定で損金経理し、当事業年度の損金の額に算入します。

6,679,152－791,246＝5,887,906

　当課税期間において、棚卸資産に係る控除対象外消費税額等はなく、控除対象外消費税
額等のうち非課税売上げのみに要するものと課税売上げと非課税売上げに共通して要する
ものはすべて経費に係るものに該当しますから、その全額を損金経理して当事業年度の損
金の額に算入します。

〔仕訳〕

仮受消費税額等	59,000,000	仮払消費税額等	53,914,800
租税公課	5,887,906	中間納付消費税額等	5,000,000
交際費等	791,246	未払消費税額等	6,764,200
		消費税額等調整差額	152

　なお、雑費に計上された適格請求書発行事業者以外の者からの課税仕入れに係る仮払消
費税額等116,000（100,000＋16,000）のうち経過措置の適用対象とならなかった23,200
$\left(116,000 - 116,000 \times \dfrac{80}{100}\right)$は、取引発生時に雑費に加算します。

第2編 設例による消費税等の確定申告書の書き方〔設例4〕

令和 6 年 11 月 29 日

八尾 税務署長殿

収受印

納 税 地　八尾市高美町3丁目2-29
（電話番号 072 - ××× - ○○○○）

（フリガナ）　マツバヤシフドウサンハンバイカブシキガイシャ
名 称 又 は 屋 号　松林不動産販売株式会社

個 人 番 号 又 は 法 人 番 号　↓個人番号の記載に当たっては、左端を空欄とし、ここから記載してください。
9 8 7 6 5 4 3 2 1 0 1 2 3

（フリガナ）　マツバヤシ コウキ
代 表 者 氏 名 又 は 氏 名　松林昊輝

第一表

令和五年十月一日以後終了課税期間分（一般用）

※ 税 務 署 処 理 欄

（個人の方）振替継続希望

所管　要否　整理番号

申 告 年 月 日　令和　　年　　月　　日
申 告 区 分　　指 導 等　　庁 指 定　　局 指 定
通信日付印　確認
確認書類　個人番号カード　通知カード・運転免許証　その他（　　）　身元確認
年　月　日
指 導　年 月 日　相談　区分1　区分2　区分3
令和

平成・令和 0 5 年 1 0 月 0 1 日
至 令和 0 6 年 0 9 月 3 0 日

課税期間分の消費税及び地方消費税の（ 確定 ）申告書

中間申告の場合の対象期間
自 平成・令和　　年　　月　　日
至 令和　　年　　月　　日

この申告書による消費税の税額の計算

		十兆千百十億千百十万千百十一円
課 税 標 準 額	①	5 9 0 0 0 0 0 0 0
消 費 税 額	②	4 6 0 2 0 0 0 0
控除過大調整税額	③	
控除 控除対象仕入税額	④	3 6 8 4 3 8 0 5
返還等対価に係る税額	⑤	0
税 貸倒れに係る税額	⑥	0
額 控除税額小計（④＋⑤＋⑥）	⑦	3 6 8 4 3 8 0 5
控除不足還付税額（⑦－②－③）	⑧	
差 引 税 額（②＋③－⑦）	⑨	9 1 7 6 1 0 0
中 間 納 付 税 額	⑩	4 0 0 0 0 0
納 付 税 額（⑨－⑩）	⑪	5 1 7 6 1 0 0
中間納付還付税額（⑩－⑨）	⑫	0 0
この申告書が修正申告である場合 既確定税額	⑬	
差引納付税額	⑭	0 0
課税売上 割合 課税資産の譲渡等の対価の額	⑮	5 9 0 0 0 0 0 0 0
資産の譲渡等の対価の額	⑯	2 1 0 2 0 0 0 0 0 0

この申告書による地方消費税の税額の計算

地方消費税の課税標準となる消費税額 控除不足還付税額	⑰	
差 引 税 額	⑱	9 1 7 6 1 0 0
譲渡割額 還 付 額	⑲	
納 税 額	⑳	2 5 8 8 1 0 0
中間納付譲渡割額	㉑	1 0 0 0 0 0
納 付 譲 渡 割 額（⑳－㉑）	㉒	1 5 8 8 1 0 0
中間納付還付譲渡割額（㉑－⑳）	㉓	0 0
この申告書が修正申告である場合 既確定譲渡割額	㉔	0 0
差引納付譲渡割額	㉕	0 0
消費税及び地方消費税の合計（納付又は還付）税額	㉖	6 7 6 4 2 0 0

㉖＝⑪＋㉒－㉓＋㉕＋㉖・修正申告の場合㉖＝⑭＋㉕
㉖が還付税額となる場合はマイナス「－」を付してください。

付記事項

		有	無	
割 賦 基 準 の 適 用		有	〇 無	31
延 払 基 準 等 の 適 用		有	〇 無	32
工 事 進 行 基 準 の 適 用		有	〇 無	33
現 金 主 義 会 計 の 適 用		有	〇 無	34

参考事項

課税標準額に対する消費税額の計算の特例の適用		有 〇 無
控除税額の計算の方法	課税売上高5億円超又は課税売上割合95%未満	〇 個別対応方式 一括比例配分方式 41
	上記以外	〇 全額控除
基準期間の課税売上高		570,000 千円

〇 税額控除に係る経過措置の適用（2割特例） 42

還付を受けようとする金融機関等

銀 行　本店・支店
金庫・組合　出張所
農協・漁協　本所・支所

預金 口 座 番 号

ゆうちょ銀行の貯金記号番号　－

郵 便 局 名 等

〇 （個人の方）公金受取口座の利用

※税務署整理欄

税理士署名
（電話番号 　－　　－　　）

〇 税 理 士 法 第 30 条 の 書 面 提 出 有
〇 税 理 士 法 第 33 条 の 2 の 書 面 提 出 有

課税標準額等の内訳書

納税地	八尾市高美町3丁目2-29
	（電話番号 072 - ×××-○○○○）
（フリガナ）	マツバヤシフドウサンハンバイカブシキガイシャ
法 人 名	松林不動産販売株式会社
（フリガナ）	マツバヤシ コウキ
代表者氏名	松林昊輝

整理番号 □□□□□□□□

法人用

第二表

改正法附則による税額の特例計算		
軽減売上割合（10営業日）	○	附則38① 51
小売等軽減仕入割合	○	附則38② 52

自 令和 05年10月01日　**課税期間分の消費税及び地方消費税の（ 確定 ）申告書**

中間申告 自 令和 □□年□□月□□日
の場合の
対象期間 至 令和 □□年□□月□□日

令和四年四月一日以後終了課税期間分

課 税 標 準 額 ※申告書（第一表）の①欄へ	①	十兆千百十億千百十万千百十一円　　590000000	01

課税資産の譲渡等の対価の額の合計額	3 ％適用分	②		02
	4 ％適用分	③		03
	6.3 ％適用分	④		04
	6.24 ％適用分	⑤		05
	7.8 ％適用分	⑥	590000000	06
		⑦	590000000	07
特定課税仕入れに係る支払対価の額の合計額 （注1）	6.3 ％適用分	⑧		11
	7.8 ％適用分	⑨		12
		⑩		13

消 費 税 額 ※申告書（第一表）の②欄へ	⑪	46020000	21
⑪ の 内 訳	3 ％適用分	⑫		22
	4 ％適用分	⑬		23
	6.3 ％適用分	⑭		24
	6.24 ％適用分	⑮		25
	7.8 ％適用分	⑯	46020000	26

返 還 等 対 価 に 係 る 税 額 ※申告書（第一表）の⑤欄へ	⑰	0	31
⑰の内訳	売上げの返還等対価に係る税額	⑱	0	32
	特定課税仕入れの返還等対価に係る税額 （注1）	⑲		33

地方消費税の課税標準となる消費税額		⑳	9176100	41
	4 ％適用分	㉑		42
	6.3 ％適用分	㉒		43
（注2）	6.24％及び7.8％適用分	㉓	9176100	44

（注1）⑧～⑩及び⑲欄は、一般課税により申告する場合で、課税売上割合が95％未満、かつ、特定課税仕入れがある事業者のみ記載します。
（注2）⑳～㉓欄が還付税額となる場合はマイナス「－」を付してください。

152

第2編 設例による消費税等の確定申告書の書き方〔設例4〕

付表1－3　税率別消費税額計算表　兼　地方消費税の課税標準となる消費税額計算表　〔一般〕

| 課税期間 | 5・10・1 ～ 6・9・30 | 氏名又は名称 | 松林不動産販売(株) |

区分		税率6.24％適用分 A	税率7.8％適用分 B	合計 C (A＋B)
課税標準額	①	000	590,000,000 円	590,000,000 円
①の内訳　課税資産の譲渡等の対価の額	①-1	0	590,000,000	590,000,000
特定課税仕入れに係る支払対価の額	①-2			
消費税額	②	0	46,020,000	46,020,000
控除過大調整税額	③			
控除　控除対象仕入税額	④	106,139	36,737,666	36,843,805
返還等対価に係る税額	⑤	0	0	0
⑤の内訳　売上げの返還等対価に係る税額	⑤-1	0	0	0
特定課税仕入れの返還等対価に係る税額	⑤-2			
貸倒れに係る税額	⑥	0	0	0
控除税額小計 (④＋⑤＋⑥)	⑦	106,139	36,737,666	36,843,805
控除不足還付税額 (⑦－②－③)	⑧			
差引税額 (②＋③－⑦)	⑨			9,176,100
地方消費税の課税標準となる消費税額　控除不足還付税額 (⑧)	⑩			
差引税額 (⑨)	⑪			9,176,100
譲渡割額　還付額	⑫			
納税額	⑬			2,588,100

注意　金額の計算においては、1円未満の端数を切り捨てる。

付表2-3　　課税売上割合・控除対象仕入税額等の計算表

一般

課　税　期　間	5・10・1～6・9・30	氏名又は名称	松林不動産販売(株)

項　　目		税率 6.24 % 適用分 A	税率 7.8 % 適用分 B	合　　計　　C (A＋B)
課　税　売　上　額　（　税　抜　き　）①		円	590,000,000 円	590,000,000 円
免　　税　　売　　上　　額　②				0
非課税資産の輸出等の金額、海外支店等へ移送した資産の価額 ③				
課税資産の譲渡等の対価の額（①＋②＋③）④				※第一表の⑮欄へ 590,000,000
課税資産の譲渡等の対価の額（④の金額）⑤				590,000,000
非　　課　　税　　売　　上　　額　⑥				1,512,000,000
資産の譲渡等の対価の額（⑤＋⑥）⑦				※第一表の⑯欄へ 2,102,000,000
課　税　売　上　割　合　（　④　／　⑦　）⑧				[28 %] ※端数 切捨て
課税仕入れに係る支払対価の額（税込み）⑨		6,372,000	586,850,000	593,222,000
課　税　仕　入　れ　に　係　る　消　費　税　額　⑩		368,160	41,613,000	41,981,160
適格請求書発行事業者以外の者から行った課税仕入れに係る経過措置の適用を受ける課税仕入れに係る支払対価の額（税込み）⑪		216,000	1,100,000	1,316,000
適格請求書発行事業者以外の者から行った課税仕入れに係る経過措置により課税仕入れに係る消費税額とみなされる額 ⑫		9,984	62,400	72,384
特　定　課　税　仕　入　れ　に　係　る　支　払　対　価　の　額　⑬		※⑬及び⑭欄は、課税売上割合が95%未満、かつ、特定課税仕入れがある事業者のみ記載する。		
特　定　課　税　仕　入　れ　に　係　る　消　費　税　額　⑭			(⑬B欄×7.8/100)	
課　税　貨　物　に　係　る　消　費　税　額　⑮				
納税義務の免除を受けない（受ける）こととなった場合における消費税額の調整（加算又は減算）額 ⑯				
課税仕入れ等の税額の合計額（⑩＋⑫＋⑭＋⑮±⑯）⑰		378,144	41,675,400	42,053,544
課税売上高が5億円以下、かつ課税売上割合が95％以上の場合（⑰の金額）⑱				
課5課95税億税%売億売未円上円上満超割の高又合場がはが合 個別対応方式	⑰のうち、課税売上げにのみ要するもの ⑲	0	35,724,000	35,724,000
	⑰のうち、課税売上げと非課税売上げに共通して要するもの ⑳	378,144	3,611,400	3,989,544
	個別対応方式により控除する課税仕入れ等の税額〔⑲＋（⑳×④／⑦）〕㉑	106,139	36,737,666	36,843,805
	一括比例配分方式により控除する課税仕入れ等の税額（⑰×④／⑦）㉒			
控除税額の調整	課税売上割合変動時の調整対象固定資産に係る消費税額の調整（加算又は減算）額 ㉓			
	調整対象固定資産を課税業務用（非課税業務用）に転用した場合の調整（加算又は減算）額 ㉔			
	居住用賃貸建物を課税賃貸用に供した（譲渡した）場合の加算額 ㉕			
差引	控　除　対　象　仕　入　税　額〔（⑱、㉑又は㉒の金額）±㉓±㉔＋㉕〕がプラスの時 ㉖	※付表1-3の④A欄へ 106,139	※付表1-3の④B欄へ 36,737,666	36,843,805
	控　除　過　大　調　整　税　額〔（⑱、㉑又は㉒の金額）±㉓±㉔＋㉕〕がマイナスの時 ㉗	※付表1-3の③A欄へ	※付表1-3の③B欄へ	
貸　倒　回　収　に　係　る　消　費　税　額　㉘		※付表1-3の③A欄へ	※付表1-3の③B欄へ	

注意　1　金額の計算においては、1円未満の端数を切り捨てる。
　　　2　⑨、⑪及び⑬欄には、値引き、割戻し、割引きなど仕入対価の返還等の金額がある場合（仕入対価の返還等の金額を仕入金額から直接減額している場合を除く。）には、その金額を控除した後の金額を記載する。
　　　3　⑪及び⑫欄の経過措置とは、所得税法等の一部を改正する法律（平成28年法律第15号）附則第52条又は第53条の適用がある場合をいう。

154

設例5

業種：日用雑貨品及び飲食料品の小売業

消費税等について税込経理で原則課税方式（課税売上高は5億円以下で課税売上割合が95％以上なので仕入税額は全額控除）

令和5年9月30日までは小売等軽減仕入割合の特例を適用して課税売上高を計算

売上税額、仕入税額とも割戻し計算による

適格請求書発行事業者以外の者からの課税仕入れについて経過措置（80％控除）の適用あり

1．残高試算表と消費税等の申告基礎資料

設例5：㈲大森商店（適格請求書発行事業者）

　　令和5年9月30日までの売上高については、小売等軽減仕入割合の特例を適用して軽減税率対象売上額と標準税率対象売上額を区分計算します。

残　　高　　試　　算　　表			借方合計	貸方合計	勘定科目ご	
勘　　定　　科　　目					資産の譲渡等	
税　　率　　区　　分					標準税率7.8%	軽減税率6.24%
売上高	（4月1日〜9月30日）			21,492,000	21,492,000	
	（10月1日〜3月31日）			27,868,000	12,100,000	15,768,000
原価	原材料商品仕入高	（4月1日〜9月30日）	13,630,000			
		（10月1日〜3月31日）	14,830,000			
販売費及び一般管理費	役　員　給　与		6,400,000			
	人　　件　　費		4,000,000			
	法　定　福　利　費		300,000			
	福　利　厚　生　費	（4月1日〜9月30日）	196,600			
		（10月1日〜3月31日）				
	水　道　光　熱　費	（4月1日〜9月30日）	550,000			
		（10月1日〜3月31日）				
	賃　　借　　料	（4月1日〜9月30日）	1,980,000			
		（10月1日〜3月31日）				
	交　　際　　費	（4月1日〜9月30日）	548,000			
		（10月1日〜3月31日）				
	租　税　公　課		300,000			
	旅　費　交　通　費	（4月1日〜9月30日）	550,000			
		（10月1日〜3月31日）				
	雑　　　　　費	（4月1日〜9月30日）	196,200			
		（10月1日〜3月31日）				
営業外収益	受取利息			10,000		
営業外費用	支払利息		200,000			
資産	現金預金		9,024,000			
	貸付金		2,000,000			
	商品		3,625,000			
	車両運搬具		350,000			
	器具及び備品		4,700,000			
	投資有価証券		100,000			
負債	買掛金			1,700,000		
	借入金			1,500,000		
	未払金			700,000		
	預り金			372,000		
	未払費用			453,000		
資本	資本金			3,000,000		
	繰越利益			6,384,800		
合　　　　　　計			63,479,800	63,479,800	49,360,000	

税込経理・原則課税方式
令和 6 年 3 月31日

との調整事項		備考
課税仕入れ		
標準税率7.8%	軽減税率6.24%	
		小売等軽減仕入割合の特例適用
7,150,000	6,480,000	
7,810,000	7,020,000	
66,000	43,200	
55,000	32,400	適格請求書発行事業者以外の者からの課税仕入れの経過措置適用 55,000円のうち22,000円と32,400円のうち10,800円
220,000		
330,000		
990,000		
990,000		
110,000	21,600	
330,000	86,400	
220,000		
330,000		
33,000	32,400	
66,000	64,800	適格請求書発行事業者以外の者からの課税仕入れの経過措置適用 66,000円のうち33,000円と64,800円のうち21,600円
		非課税売上げ
		▨は非課税又は不課税取引
18,700,000	13,780,800	

2．消費税及び地方消費税の確定申告書の作成手順

　税込経理による原則課税方式で、基準期間の課税売上高は5,000万円以下ですが、簡易課税制度は選択していません。

　標準税率の適用商品と軽減税率の適用商品を販売していますが、軽減税率導入以後、レジが対応していないことなどから、当課税期間の初日から令和5年9月30日までの期間は、両税率の区分をせずに税込みで売上げをレジ打ちしています。一方、仕入れ先等は標準税率と軽減税率を区分してくれていますので、区分記載請求書等により小売等軽減仕入割合の特例を適用してその期間の消費税額等を計算することができます。

　なお、令和5年10月1日から課税期間の末日までの期間は、インボイス制度の下、両税率を区分して売上げ、仕入れを計上するとともに、売上げ及び仕入れについて適格（簡易）請求書の発行と保存の要件を満たしています。

　消費税額等の計算では付表1－3と2－3を作成します。

　課税資産の譲渡等の対価の額の計算表（小売等軽減仕入割合を使用する課税期間用）も使用します。

　1の〔残高試算表等〕を基に説明していきます。

【作成手順】

　付表等の作成順序は次のとおりです。

　　⑴　課税資産の譲渡等の対価の額の計算表（小売等軽減仕入割合を使用する課税期間用）

　　⑵　付表1－3　①、②

　　⑶　付表2－3

　　⑷　付表1－3　③～⑬

　　⑸　第二表

　　⑹　第一表

　なお、中間納付した消費税等はありません。

（1）　課税資産の譲渡等の対価の額の計算表（小売等軽減仕入割合を使用する課税期間用）で標準税率適用取引と軽減税率適用取引を按分します。

「課税期間」欄　令和5年4月1日～令和6年3月31日

「適用対象期間」欄　令和5年4月1日～令和5年9月30日（小売等軽減仕入割合の特例を適用できるのは、令和5年9月30日までです。）

（事業の区分ごとの計算）欄の左端の（　）に「小売業」と記載します。

①（課税仕入れに係る支払対価の額（税込み））欄

　小売業にのみ要する課税仕入れ等の税込対価の額の合計額を記載します（設例の場合、小売業のみを営んでいます。）。

　7,150,000（原材料)＋66,000（福利厚生費)＋220,000（水道光熱費)＋990,000（賃借

料）＋110,000（交際費）＋220,000（旅費交通費）＋33,000（雑費）＋6,480,000（原材料）＋43,200（福利厚生費）＋21,600（交際費）＋32,400（雑費）＝15,366,200（4月1日から9月30日までの間の課税仕入額（税込み））

②～③欄　該当なし

④（課税仕入れに係る支払対価の額等の合計額）欄

　①15,366,200＋②0＋③0＝15,366,200

⑤（④のうち、軽減対象資産の譲渡等（税率6.24％適用分）にのみ要するものの金額（税込み））欄　6,480,000（原材料）

⑥（小売等軽減仕入割合（⑤／④））欄　$\dfrac{6,480,000}{15,366,200} \times 100 = 42.17 \cdots \%$

　⇒　42％（端数切捨て）

⑦（課税資産の譲渡等の税込価額の合計額）　21,492,000（4月1日から9月30日までの間の課税売上額（税込み））

⑧（軽減対象資産の譲渡等（税率6.24％適用分）の対価の額の合計額（税抜き））欄

　⑦21,492,000 × $\dfrac{⑤6,480,000}{④15,366,200}$ × $\dfrac{100}{108}$ ＝ 8,391,925　⇒合計欄に転記します。

⑨（軽減対象資産の譲渡等以外の課税資産の譲渡等（税率7.8％適用分）の対価の額の合計額（税抜き））欄

　$\left(⑦21,492,000 - ⑦21,492,000 \times \dfrac{⑤6,480,000}{④15,366,200} \right) \times \dfrac{100}{110} = 11,298,837$

⇒合計欄に転記します。

⑩、⑪欄　該当なし

⑫（軽減対象資産の譲渡等（税率6.24％適用分）の対価の額の合計額（税抜き））欄

　⑧合計8,391,925＋⑩0＝8,391,925

　※　10月1日から3月31日までの期間の課税売上金額（税抜き）と合計します。

　⑫8,391,925＋15,768,000（軽減対象）× $\dfrac{100}{108}$ ＝22,991,925

⇒付表1－3の①－1のA欄と第二表の⑤欄に転記します。

⑬（軽減対象資産の譲渡等以外の課税資産の譲渡等（税率7.8％適用分）の対価の額の合計額（税抜き））欄

　⑨合計11,298,837＋⑪0＝11,298,837

　※　10月1日から3月31日までの期間の課税売上金額（税抜き）と合計します。

　⑬11,298,837＋12,100,000（標準対象）× $\dfrac{100}{110}$ ＝22,298,837

⇒付表1－3の①－1のB欄と第二表の⑥欄に転記します。

（2）　付表1－3で消費税額を計算します。

①（課税標準額）欄

　　A欄　22,991,000（①－1を転記して、千円未満を切捨て）

　　B欄　22,298,000（①－1を転記して、千円未満を切捨て）

② （消費税額）欄

　　A欄　　22,991,000×6.24％＝1,434,638　⇒第二表の⑮欄に転記します。

　　B欄　　22,298,000×7.8％＝1,739,244　⇒第二表の⑯欄に転記します。

（3）　付表2-3で課税売上割合を計算し、控除対象仕入税額を計算します。

① （課税売上額（税抜き））欄

　　A欄　　22,991,925（付表1-3の①-1のA欄を転記）

　　B欄　　22,298,837（付表1-3の①-1のB欄を転記）

①のC（合計）欄

　　A22,991,925＋B22,298,837＝45,290,762

②～③欄　該当なし

④ （課税資産の譲渡等の対価の額）のC（合計）欄

　　①45,290,762＋②0＋③0＝45,290,762

　　⇒⑤のC（合計）欄と第一表の⑮欄に転記します。

⑥ （非課税売上額）のC（合計）欄　10,000（受取利息）

⑦ （資産の譲渡等の対価の額）のC（合計）欄

　　⑤45,290,762＋⑥10,000＝45,300,762

　　⇒第一表の⑯欄に転記します。

⑧ （課税売上割合）欄

　　④45,290,762÷⑦45,300,762×100＝99.9…％　⇒　99％（端数切捨て）

⑨ （課税仕入れに係る支払対価の額（税込み））のA（税率6.24％適用分）欄

　　13,780,800－（10,800＋21,600（経過措置適用分））＝13,748,400

⑨のB（税率7.8％適用分）欄

　　18,700,000－（22,000＋33,000（経過措置適用分））＝18,645,000

⑩ （課税仕入れに係る消費税額）のA（税率6.24％適用分）欄

　　$13,748,400×\dfrac{6.24}{108}=794,352$

⑩のB（税率7.8％適用分）欄

　　$18,645,000×\dfrac{7.8}{110}=1,322,100$

⑪ （適格請求書発行事業者以外の者から行った課税仕入れに係る経過措置の適用を受ける課税仕入れに係る支払対価の額（税込み））のA（税率6.24％適用分）欄

　　10,800＋21,600＝32,400

⑪のB（税率7.8％適用分）欄

　　22,000＋33,000＝55,000

⑫ （適格請求書発行事業者以外の者から行った課税仕入れに係る経過措置により課税仕入れに係る消費税額とみなされる額）のA（税率6.24％適用分）欄

$$32,400 \times \frac{6.24}{108} \times \frac{80}{100} = 1,497$$

⑫のB（税率7.8％適用分）欄

$$55,000 \times \frac{7.8}{110} \times \frac{80}{100} = 3,120$$

⑬～⑯のA・B欄　該当なし

⑰（課税仕入れ等の税額の合計額）のA（税率6.24％適用分）欄

　⑩794,352＋⑫1,497＝795,849

⑰のB（税率7.8％適用分）欄

　⑩1,322,100＋⑫3,120＝1,325,220

⑱（課税売上高が5億円以下、かつ、課税売上割合が95％以上の場合）のA（税率6.24％適用分）欄

　795,849（⑰Aの金額を転記します。）

⑱のB（税率7.8％適用分）欄

　1,325,220（⑰Bの金額を転記します。）

㉖（差引控除対象仕入税額）のA（税率6.24％適用分）欄

　795,849（⑱の金額を転記します。）　⇒付表1－3の④A欄に転記します。

㉖（差引控除対象仕入税額）のB（税率7.8％適用分）欄

　1,325,220（⑱の金額を転記します。）　⇒付表1－3の④B欄に転記します。

※　付表2－3の各欄の金額を横に合計して、C（合計）欄に記入します。

(4)　付表1－3で消費税額と地方消費税額を計算します。

④（控除対象仕入税額）のA（税率6.24％適用分）欄

　795,849（付表2－3の㉖A欄の金額を転記します。）

④（控除対象仕入税額）のB（税率7.8％適用分）欄

　1,325,220（付表2－3の㉖B欄の金額を転記します。）

⑤－1（売上げの返還等対価に係る税額）のA・B欄　0

⑤のA・B欄　0（⑤－1欄の金額を転記します。）

⑥（貸倒れに係る税額）のA（税率6.24％適用分）・B（税率7.8％適用分）欄　0

⑦（控除税額小計）欄

　　A（税率6.24％適用分）欄　④795,849＋⑤0＋⑥0＝795,849

　　B（税率7.8％適用分）欄　④1,325,220＋⑤0＋⑥0＝1,325,220

※　①から⑦までを横に合計して、C（合計）欄に記入します。

⑨（差引税額）欄

　②C3,173,882＋③C0－⑦C2,121,069＝1,052,813　⇒1,052,800（百円未満切捨て）

⑪（地方消費税の課税標準となる消費税額・差引税額）のC（合計）欄

　⑨C1,052,800

⑬（譲渡割額・納税額）のC（合計）欄

$$⑪C1,052,800 \times \frac{22}{78} = 296,943 \Rightarrow 296,900（百円未満切捨て）$$

※　各欄の金額をそれぞれ第一表と第二表に転記します。

（5）　第二表

①（課税標準額）欄

　45,289,000（付表1－3の①Cを転記）　⇒第一表の①欄に転記します。

⑪（消費税額）欄

　3,173,882（付表1－3の②Cを転記）　⇒第一表の②欄に転記します。

※　小売等軽減仕入割合の特例を適用しましたので、「改正法附則による税額の特例計算」の「小売等軽減仕入割合」欄に「○」をします。

（6）　第一表

⑨（差引税額）欄

　②3,173,882＋③0－⑦2,121,069＝1,052,813　⇒1,052,800（百円未満切捨て）

⑪（納付税額）欄

　⑨1,052,800－⑩0＝1,052,800

㉒（納付譲渡割額）欄

　⑳296,900－㉑0＝296,900

㉖（消費税及び地方消費税の合計（納付又は還付）税額）欄

　⑪1,052,800＋㉒296,900＝1,349,700

3．期末における消費税等についての経理処理

　納付すべき消費税等の額が算出されましたので、次の仕訳を行い、当期の納付すべき税額を損金経理により未払計上します。

〔仕訳〕

租税公課　1,349,700　／　未払消費税等　1,349,700

※　適格請求書発行事業者以外の者から行った課税仕入れの額のうち経過措置（80％控除）適用により課税仕入れに係る消費税額等とみなされる額に該当しなかった金額は次のとおりですが、税込経理をしていますから、それぞれ福利厚生費及び雑費として経理されており、改めて経理処理をする必要はありません。

$$福利厚生費 \left(22,000 \times \frac{10}{110} + 10,800 \times \frac{8}{108}\right) \times \frac{100-80}{100} = 560$$

$$雑費 \left(33,000 \times \frac{10}{110} + 21,600 \times \frac{8}{108}\right) \times \frac{100-80}{100} = 920$$

第2編 ▎▎▎ 設例による消費税等の確定申告書の書き方〔設例5〕

第一表　令和五年十月一日以後終了課税期間分（一般用）

令和 6 年 5 月 31 日　　　　　税務署長殿

（個人の方）振替継続希望

納税地　和歌山市元寺町東ノ丁 6-2
（電話番号 073 - △△△ - ××××）

（フリガナ）ユウゲンガイシャ オオモリショウテン
名称又は屋号　（有）大森商店

個人番号又は法人番号　1 2 3 4 5 6 7 8 9 0 9 8 7
↓個人番号の記載に当たっては、左端を空欄とし、ここから記載してください。

（フリガナ）オオモリ フミオ
代表者氏名又は氏名　大森文男

※税務署処理欄

| 所管 | 要否 | 整理番号 | | | | | | | |
申告年月日　令和　　年　　月　　日
申告区分　　指導等　　庁指定　　局指定
通信日付印　　確認
確認書類　個人番号カード　通知カード・運転免許証　その他（　）　身元確認
年 月 日
指導年月日　令和　　　　　相談 区分1 区分2 区分3

自 平成・令和 **05** 年 **04** 月 **01** 日
至 令和 **06** 年 **03** 月 **31** 日

課税期間分の消費税及び地方消費税の（ 確定 ）申告書

中間申告の場合の対象期間　自 平成・令和　　年　　月　　日　至 令和　　年　　月　　日

この申告書による消費税の税額の計算

		十兆千百十億千百十万千百十一円
課税標準額	①	4 5 2 8 9 0 0 0
消費税額	②	3 1 7 3 8 8 2
控除過大調整税額	③	0
控除税額 控除対象仕入税額	④	2 1 2 1 0 6 9
返還等対価に係る税額	⑤	0
貸倒れに係る税額	⑥	0
控除税額小計（④+⑤+⑥）	⑦	2 1 2 1 0 6 9
控除不足還付税額（⑦-②-③）	⑧	
差引税額（②+③-⑦）	⑨	1 0 5 2 8 0 0
中間納付税額	⑩	0 0
納付税額（⑨-⑩）	⑪	1 0 5 2 8 0 0
中間納付還付税額（⑩-⑨）	⑫	0 0
この申告書が修正申告である場合 既確定税額	⑬	0 0
差引納付税額	⑭	0 0
課税売上割合 課税資産の譲渡等の対価の額	⑮	4 5 2 9 0 7 6 2
資産の譲渡等の対価の額	⑯	4 5 3 0 0 7 6 2

この申告書による地方消費税の税額の計算

地方消費税の課税標準となる消費税額 控除不足還付税額	⑰	
差引税額	⑱	1 0 5 2 8 0 0
譲渡割額 還付額	⑲	
納税額	⑳	2 9 6 9 0 0
中間納付譲渡割額	㉑	
納付譲渡割額（⑳-㉑）	㉒	2 9 6 9 0 0
中間納付還付譲渡割額（㉑-⑳）	㉓	0 0
この申告書が修正申告である場合 既確定譲渡割額	㉔	
差引納付譲渡割額	㉕	0 0
消費税及び地方消費税の合計（納付又は還付）税額	㉖	1 3 4 9 7 0 0

※⑨=（②+③-⑦）・㉖=（⑪-⑫+⑱-⑲）・修正申告の場合㉖=⑭+㉕
※⑧・⑫が還付税額となる場合はマイナス「-」を付してください。

付記事項

割賦基準の適用	有 ○ 無	31
延払基準等の適用	有 ○ 無	32
工事進行基準の適用	有 ○ 無	33
現金主義会計の適用	有 ○ 無	34

参考事項

課税標準額に対する消費税額の計算の特例の適用	有 ○無	
控除税額の計算の方法	課税売上高5億円超又は課税売上割合95%未満	個別対応方式 ／ 一括比例配分方式
	上記以外 ○ 全額控除	41
基準期間の課税売上高	44,500 千円	

税額控除に係る経過措置の適用（2割特例） 42

還付を受けようとする金融機関等

銀行・金庫・組合・農協・漁協　本店・支店・出張所・本所・支所
預金 口座番号
ゆうちょ銀行の貯金記号番号
郵便局名等

（個人の方）公金受取口座の利用

※税務署整理欄

税理士署名
（電話番号　　－　　－　　）

税理士法第30条の書面提出有
税理士法第33条の2の書面提出有

163

課税標準額等の内訳書

| 整理番号 | | 法人用 |

改正法附則による税額の特例計算			
軽減売上割合（10営業日）	○	附則38①	51
小売等軽減仕入割合	○	附則38②	52

納税地	和歌山市元寺町東ノ丁6-2
	（電話番号　073 - △△△ - ××××）
（フリガナ）	ユウゲンガイシャオオモリショウテン
法人名	（有）大森商店
（フリガナ）	オオモリフミオ
代表者氏名	大森文男

第二表

自 令和 05年04月01日
至 令和 06年03月31日

課税期間分の消費税及び地方消費税の（　確定　）申告書

中間申告 自 令和 □□年□□月□□日
の場合の
対象期間 至 令和 □□年□□月□□日

令和四年四月一日以後終了課税期間分

課税標準額 ※申告書（第一表）の①欄へ	①	4 5 2 8 9 0 0 0	01

課税資産の譲渡等の対価の額の合計額	3 ％適用分	②		02
	4 ％適用分	③		03
	6.3 ％適用分	④		04
	6.24 ％適用分	⑤	2 2 9 9 1 9 2 5	05
	7.8 ％適用分	⑥	2 2 2 9 8 8 3 7	06
		⑦	4 5 2 9 0 7 6 2	07
特定課税仕入れに係る支払対価の額の合計額 （注1）	6.3 ％適用分	⑧		11
	7.8 ％適用分	⑨		12
		⑩		13

消費税額 ※申告書（第一表）の②欄へ	⑪	3 1 7 3 8 8 2	21

⑪の内訳	3 ％適用分	⑫		22
	4 ％適用分	⑬		23
	6.3 ％適用分	⑭		24
	6.24 ％適用分	⑮	1 4 3 4 6 3 8	25
	7.8 ％適用分	⑯	1 7 3 9 2 4 4	26

返還等対価に係る税額 ※申告書（第一表）の⑤欄へ	⑰	0	31
⑰の内訳 売上げの返還等対価に係る税額	⑱	0	32
特定課税仕入れの返還等対価に係る税額 （注1）	⑲		33

地方消費税の課税標準となる消費税額 （注2）		⑳	1 0 5 2 8 0 0	41
	4 ％適用分	㉑		42
	6.3 ％適用分	㉒		43
	6.24％及び7.8％適用分	㉓	1 0 5 2 8 0 0	44

（注1）　⑧～⑩及び⑲欄は、一般課税により申告する場合で、課税売上割合が95％未満、かつ、特定課税仕入れがある事業者のみ記載します。
（注2）　⑳～㉓欄が還付税額となる場合はマイナス「－」を付してください。

第２編 ▌▌ 設例による消費税等の確定申告書の書き方〔設例５〕

付表１－３　税率別消費税額計算表　兼　地方消費税の課税標準となる消費税額計算表

〔一　般〕

課　税　期　間		５・４・１～６・３・31	氏名又は名称	(有)大森商店

区　　　　　　　分			税率 6.24 ％ 適用分 A	税率 7.8 ％ 適用分 B	合　　計　　C (A＋B)
課　税　標　準　額		①	円 22,991,000	円 22,298,000	※第二表の①欄へ 円 45,289,000
①の内訳	課税資産の譲渡等の対価の額	①-1	※第二表の⑤欄へ 22,991,925	※第二表の⑥欄へ 22,298,837	※第二表の⑦欄へ 45,290,762
	特定課税仕入れに係る支払対価の額	①-2	※①-2欄は、課税売上割合が95%未満、かつ、特定課税仕入れがある事業者のみ記載する。	※第二表の⑨欄へ	※第二表の⑩欄へ
消　　費　　税　　額		②	※第二表の⑮欄へ 1,434,638	※第二表の⑯欄へ 1,739,244	※第二表の⑪欄へ 3,173,882
控　除　過　大　調　整　税　額		③	(付表2-3の㉗・㉘A欄の合計金額) 0	(付表2-3の㉗・㉘B欄の合計金額) 0	※第一表の③欄へ 0
控除税額	控　除　対　象　仕　入　税　額	④	(付表2-3の㉖A欄の金額) 795,849	(付表2-3の㉖B欄の金額) 1,325,220	※第一表の④欄へ 2,121,069
	返還等対価に係る税額	⑤	0	0	※第二表の⑰欄へ 0
	⑤の内訳　売上げの返還等対価に係る税額	⑤-1	0	0	※第二表の⑱欄へ 0
	特定課税仕入れの返還等対価に係る税額	⑤-2	※⑤-2欄は、課税売上割合が95%未満、かつ、特定課税仕入れがある事業者のみ記載する。		※第二表の⑲欄へ
	貸倒れに係る税額	⑥	0	0	※第一表の⑥欄へ 0
	控除税額小計 (④＋⑤＋⑥)	⑦	795,849	1,325,220	※第一表の⑦欄へ 2,121,069
控除不足還付税額 (⑦－②－③)		⑧			※第一表の⑧欄へ
差　引　税　額 (②＋③－⑦)		⑨			※第一表の⑨欄へ 1,052,800
地方消費税の課税標準となる消費税額	控除不足還付税額 (⑧)	⑩			※第一表の⑰欄へ ※マイナス「－」を付して第二表の㉑及び㉓欄へ
	差　引　税　額 (⑨)	⑪			※第一表の⑱欄へ ※第二表の㉒及び㉓欄へ 1,052,800
譲渡割額	還　付　額	⑫			(⑩C欄×22/78) ※第一表の⑲欄へ
	納　税　額	⑬			(⑪C欄×22/78) ※第一表の⑳欄へ 296,900

注意　金額の計算においては、１円未満の端数を切り捨てる。

165

付表2－3　　　課税売上割合・控除対象仕入税額等の計算表

一般

課　税　期　間	5・4・1～6・3・31	氏名又は名称	(有)大森商店

項　目			税率 6.24 % 適用分 A	税率 7.8 % 適用分 B	合　計 C (A＋B)
課　税　売　上　額　（　税　抜　き　）	①		22,991,925	22,298,837	45,290,762
免　　税　　売　　上　　額	②				0
非 課 税 資 産 の 輸 出 等 の 金 額、海 外 支 店 等 へ 移 送 し た 資 産 の 価 額	③				0
課 税 資 産 の 譲 渡 等 の 対 価 の 額 （①＋②＋③）	④				※第一表の⑮欄へ 45,290,762
課 税 資 産 の 譲 渡 等 の 対 価 の 額 （④の金額）	⑤				45,290,762
非　　課　　税　　売　　上　　額	⑥				10,000
資 産 の 譲 渡 等 の 対 価 の 額 （⑤＋⑥）	⑦				※第一表の⑯欄へ 45,300,762
課　税　売　上　割　合　（　④／⑦　）	⑧				［ 99 ％］ ※端数切捨て
課 税 仕 入 れ に 係 る 支 払 対 価 の 額 （税込み）	⑨		13,748,400	18,645,000	32,393,400
課 税 仕 入 れ に 係 る 消 費 税 額	⑩		794,352	1,322,100	2,116,452
適格請求書発行事業者以外の者から行った課税仕入れに係る経過措置の適用を受ける課税仕入れに係る支払対価の額(税込み)	⑪		32,400	55,000	87,400
適格請求書発行事業者以外の者から行った課税仕入れに係る経過措置により課税仕入れに係る消費税額とみなされる額	⑫		1,497	3,120	4,617
特 定 課 税 仕 入 れ に 係 る 支 払 対 価 の 額	⑬	※⑬及び⑭欄は、課税売上割合が95%未満、かつ、特定課税仕入れがある事業者のみ記載する。		0	0
特 定 課 税 仕 入 れ に 係 る 消 費 税 額	⑭			(⑬B欄×7.8/100) 0	0
課 税 貨 物 に 係 る 消 費 税 額	⑮		0	0	0
納 税 義 務 の 免 除 を 受 け な い （受ける） こ と と な っ た 場 合 に お け る 消 費 税 額 の 調 整 （加 算 又 は 減 算） 額	⑯		0	0	0
課 税 仕 入 れ 等 の 税 額 の 合 計 額 （⑩＋⑫＋⑭＋⑮±⑯）	⑰		795,849	1,325,220	2,121,069
課 税 売 上 高 が 5 億 円 以 下 、 か つ 、課 税 売 上 割 合 が 95 % 以 上 の 場 合 （⑰の金額）	⑱		795,849	1,325,220	2,121,069
課5課95 税億税% 売円売未 上満上満 超割の 高又合場 がは合 の 控 除 税 額 の 調 整 差 引	⑰のうち、課税売上げにのみ要するもの	⑲			
	⑰のうち、課税売上げと非課税売上げに共 通 し て 要 す る も の	⑳			
	個別対応方式により控除する課 税 仕 入 れ 等 の 税 額 ［⑲＋（⑳×④／⑦）］	㉑			
一括比例配分方式により控除する課税仕入れ等の税額　（⑰×④／⑦）	㉒				
課 税 売 上 割 合 変 動 時 の 調 整 対 象 固 定 資 産 に 係 る 消 費 税 額 の 調 整 （加 算 又 は 減 算） 額	㉓				
調 整 対 象 固 定 資 産 を 課 税 業 務 用（非課税業務用）に 転 用 し た 場 合 の 調 整 （加 算 又 は 減 算） 額	㉔				
居 住 用 賃 貸 建 物 を 課 税 賃 貸 用に 供 し た （譲 渡 し た） 場 合 の 加 算 額	㉕				
控 除 対 象 仕 入 税 額 ［（⑱、㉑又は㉒の金額）±㉓±㉔＋㉕］がプラスの時	㉖		※付表1-3の④A欄へ 795,849	※付表1-3の④B欄へ 1,325,220	2,121,069
控 除 過 大 調 整 税 額 ［（（⑱、㉑又は㉒の金額）±㉓±㉔＋㉕］がマイナスの時	㉗		※付表1-3の③A欄へ	※付表1-3の③B欄へ	
貸 倒 回 収 に 係 る 消 費 税 額	㉘		※付表1-3の③A欄へ	※付表1-3の③B欄へ	

注意　1　金額の計算においては、1円未満の端数を切り捨てる。
　　　2　⑨、⑪及び⑬欄には、値引き、割戻し、割引きなど仕入対価の返還等の金額がある場合(仕入対価の返還等の金額を仕入金額から直接減額している場合を除く。)には、その金額を控除した後の金額を記載する。
　　　3　⑪及び⑫欄の経過措置とは、所得税法等の一部を改正する法律(平成28年法律第15号)附則第52条又は第53条の適用がある場合をいう。

第2編 ▏ 設例による消費税等の確定申告書の書き方〔設例5〕

課税資産の譲渡等の対価の額の計算表 〔小 売 等 軽 減 仕 入 割 合 を 使 用 す る 課 税 期 間 用〕 【売上区分用】

軽減対象資産の譲渡等(税率6.24%適用分)を行う事業者が、適用対象期間中に国内において行った卸売業及び小売業に係る課税資産の譲渡等(免税取引及び旧税率(6.3%等)が適用される取引は除く。)の税込価額を税率の異なるごとに区分して合計することにつき困難な事情があるときは、この計算表を使用して計算をすることができます(所得税法等の一部を改正する法律(平成28年法律第15号)附則38②)。

以下の①～⑬欄に、当該適用対象期間中に行った取引について記載してください。

課 税 期 間	5・4・1 ～ 6・3・31	氏 名 又 は 名 称	(有)大森商店
適 用 対 象 期 間	5・4・1 ～ 5・9・30		

			事 業 の 区 分 ご と の 計 算		
			(小売業) 円	( ) 円	合 計
卸売業及び小売業に係る課税取引	課税仕入れに係る支払対価の額(税込み)	①	15,366,200		
	特定課税仕入れに係る支払対価の額×110／100 (経過措置により旧税率が適用される場合は×108／100)	②	0		
	保税地域から引き取った課税貨物に係る 税込引取価額	③	0		
	課税仕入れに係る支払対価の額等の合計額 (①+②+③)	④	15,366,200		
	④のうち、軽減対象資産の譲渡等(税率6.24%適用分)にのみ 要するものの金額(税込み)	⑤	6,480,000		
	小 売 等 軽 減 仕 入 割 合 (⑤／④)(※1)	⑥	〔 42 %〕 ※端数切捨て	〔 %〕 ※端数切捨て	
	課税資産の譲渡等の税込価額の合計額	⑦	円 21,492,000	円	
	軽減対象資産の譲渡等(税率6.24%適用分)の対価の額の 合計額(税抜き) (⑦×⑤／④×100／108)(※1)	⑧	8,391,925		円 8,391,925
	軽減対象資産の譲渡等以外の課税資産の譲渡等(税率7.8% 適用分)の対価の額の合計額(税抜き) ((⑦-(⑦×⑤／④))×100／110)(※1)	⑨	11,298,837		11,298,837

(※1) 主として軽減対象資産の譲渡等(税率6.24%適用分)を行う事業者が、小売等軽減仕入割合の算出につき困難な事情があるときは、「50／100」を当該割合とみなして計算することができる。その場合は、①～⑤欄は記載せず、⑥欄に50と記載し、⑧及び⑨欄の金額の計算において、「⑤／④」を「50／100」として計算する。

				円
卸売業及び小売業以外の事業に係る課税取引	軽減対象資産の譲渡等(税率6.24%適用分)の対価の額の 合計額(税抜き)	⑩		0
	軽減対象資産の譲渡等以外の課税資産の譲渡等(税率7.8% 適用分)の対価の額の合計額(税抜き)	⑪		0

全事業に係る課税取引	軽減対象資産の譲渡等(税率6.24%適用分)の対価の額 の合計額(税抜き) (⑧合計+⑩)	⑫	※付表1-1を使用する場合は、付表1-1の①-1D欄へ ※付表1-3を使用する場合は、付表1-3の①-1A欄へ 円	8,391,925
	軽減対象資産の譲渡等以外の課税資産の譲渡等 (税率7.8%適用分)の対価の額の合計額(税抜き) (⑨合計+⑪)	⑬	※付表1-1を使用する場合は、付表1-1の①-1E欄へ ※付表1-3を使用する場合は、付表1-3の①-1B欄へ	11,298,837

注意 1 金額の計算においては、1円未満の端数を切り捨てる。

2 事業の区分ごとの計算がこの計算表に記載しきれないときは、この計算表を複数枚使用し、事業の区分ごとに①～⑨欄を適宜計算した上で、いずれか1枚の計算表に⑧及び⑨欄の合計額を記載する。

設例6

業種：テナントビル賃貸とアパート経営

消費税等について税込経理

売上税額は割戻し計算による

免税事業者が適格請求書発行事業者となった場合の２割特例を適用

1. 残高試算表と消費税等の申告基礎資料

設例6：㈱馬場ホーム（適格請求書発行事業者）

　　免税事業者が適格請求書発行事業者となるために、令和5年10月1日以後、課税事業者となった場合で、納税額の2割特例を適用します。

残　　高　　試　　算　　表				勘定
勘　定　科　目		借方合計	貸方合計	資産の譲渡等
税　率　区　分				標準税率7.8%
売上高	（4月1日〜9月30日）テナント家賃		4,620,000	4,620,000
	アパート家賃		16,000,000	16,000,000
	（10月1日〜3月31日）テナント家賃		4,950,000	4,950,000
	アパート家賃		15,000,000	15,000,000
販売費及び一般管理費	役　員　給　与	12,000,000		
	人　件　費	3,600,000		
	法　定　福　利　費	1,200,000		
	福　利　厚　生　費	1,400,000		
	水　道　光　熱　費	550,000		
	交　際　費	1,096,000		
	租　税　公　課	1,600,000		
	旅　費　交　通　費	400,000		
	減　価　償　却　費	4,600,000		
	雑　費	392,000		
営　業　外　収　益	受　取　利　息		10,000	
営　業　外　費　用	支　払　利　息	3,600,000		
資　　産	現　金　預　金	9,024,000		
	貸　付　金	2,000,000		
	建　物	38,000,000		
	車　両　運　搬　具	1,500,000		
	器　具　及　び　備　品	4,700,000		
	投　資　有　価　証　券	5,000,000		
	土　地	10,000,000		
負　　債	借　入　金		55,000,000	
	未　払　金		700,000	
	預　り　金		372,000	
	未　払　費　用		453,000	
資　　本	資　本　金		3,000,000	
	繰　越　利　益		557,000	
合　　　　計		100,662,000	100,662,000	40,570,000

170

税込経理方式
令和6年3月31日

| 科目ごとの調整事項 | | 備　　　　　　　考 |
| 課税仕入れ | | |
標準税率7.8%	軽減税率6.24%	
		免税事業者の売上げ
		非課税売上げ
		非課税売上げ
660,000	108,000	令和5年10月1日以後の課税仕入れに係る額（税率別）
242,000		同　　上
110,000	540,000	同　　上
165,000		同　　上
220,000		同　　上
		非課税売上げ
		は非課税又は不課税取引
1,397,000	648,000	

２．消費税及び地方消費税の確定申告書の作成手順

　課税取引となるテナント家賃が1,000万円以下であったため、従来は免税事業者でしたが、テナントからの要請により適格請求書発行事業者となったため、令和５年10月１日から課税期間の末日である令和６年３月31日までの期間は課税事業者となります。

　納付すべき消費税額等の計算においては、小規模事業者に係る税額控除に関する経過措置（２割特例）を適用します。

　消費税額等の計算では、一般用の第一表と、第二表及び付表６を作成します。

　１の〔残高試算表等〕を基に説明していきます。

> （筆者からのおことわり）
>
> 　小規模事業者に係る税額控除に関する経過措置（２割特例）を適用して消費税等の申告をする場合、設例のケースでは上記のとおり、一般用の第一表と、第二表及び新設された付表６を記載することと国税庁通達（「消費税の軽減税率制度に関する申告書等の様式の制定について」等の一部改正について（法令解釈通達）／令和５年３月31日課軽２−９ほか）により明示されていますが、付表６だけでは地方消費税額の計算過程を明らかにすることができず、本設例では、やむなくその過程を明示するため既存の付表１−３の一部を使用し、記載例の末尾に（参考）として表示しています。今後の改正動向にご注意ください。

【作成手順】

　付表等の作成手順は次のとおりです。

　　⑴　付表６

　　⑵　第二表

　　⑶　第一表

（１）　付表６で小規模事業者に係る税額控除に関する経過措置（２割特例）を適用して消費税額を計算します。

　Ⅰ　課税標準額に対する消費税額及び控除対象仕入税額の計算の基礎となる消費税額

　　①（課税資産の譲渡等の対価の額）のＢ（税率7.8%適用分）欄

　　　4,950,000（令和５年10月１日〜令和６年３月31日のテナント家賃）$\times \dfrac{100}{110}=$

　　　4,500,000　⇒第二表の⑥欄に転記します。

　　②（課税標準額）のＢ（税率7.8%適用分）欄

　　　4,500,000（①を転記して、千円未満を切捨て）

　　③（課税標準額に対する消費税額）のＢ（税率7.8%適用分）欄

　　　②Ｂ4,500,000$\times \dfrac{7.8}{100}=$351,000　⇒第二表の⑯欄に転記します。

　　④（貸倒回収に係る消費税額）欄　該当なし

172

⑤（売上対価の返還等に係る消費税額）欄　該当なし

　⑥（控除対象仕入税額の計算の基礎となる消費税額）のB（税率7.8％適用分）欄

　　③B 351,000＋④B 0 −⑤B 0 ＝351,000

　※　B欄の金額をC（合計）欄に転記します。

　※　C（合計）欄の金額を第一表、第二表の各欄に転記します。

Ⅱ　控除対象仕入税額とみなされる特別控除税額

　⑦（特別控除税額）のB（税率7.8％適用分）欄

　　⑥B 351,000×80％＝280,800

　　この金額をC（合計）欄に転記し、さらに第一表の④欄に転記します。

Ⅲ　貸倒れに係る税額

　⑧（貸倒れに係る税額）欄　該当なし

（2）　第二表

①（課税標準額）欄

　4,500,000（付表6の②Cを転記）　⇒第一表の①欄に転記します。

⑪（消費税額）欄

　351,000（付表6の③Cを転記）　⇒第一表の②欄に転記します。

（3）　第一表

⑨（差引税額）欄

　②351,000＋③0 −⑦280,800＝70,200　⇒70,200（百円未満切捨て）

⑪（納付税額）欄

　70,200⇐中間納付税額がないので、⑨を転記します。

㉒（納付譲渡割額）欄

　19,800円⇐中間納付譲渡割額がないので、⑳を転記します。

㉖（消費税及び地方消費税の合計（納付又は還付）税額）欄

　⑪70,200＋㉒19,800＝90,000

※　申告書の右側「税額控除に係る経過措置の適用（2割特例）」欄にチェック（○印）を入れます。

　3．期末における消費税等についての経理処理

　納付すべき消費税額等の額が算出されましたので、次の仕訳を行い、当課税期間の納付すべき税額を損金経理により未払計上します。

〔仕訳〕

租税公課　90,000　／　未払消費税等　90,000

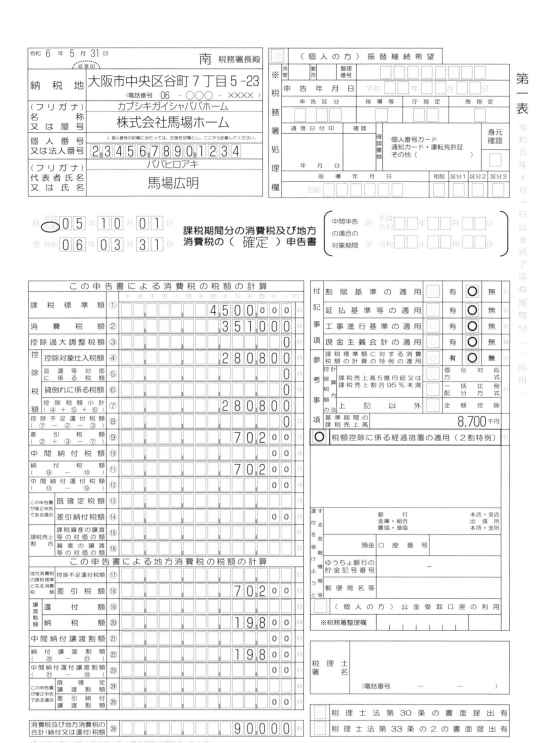

第2編 ▌ 設例による消費税等の確定申告書の書き方〔設例6〕

課税標準額等の内訳書

納 税 地	大阪市中央区谷町7丁目5-23	
	（電話番号 06 - ○○○ - ××××）	
（フリガナ）	カブシキガイシャババホーム	
法 人 名	株式会社馬場ホーム	
（フリガナ）	ババヒロアキ	
代表者氏名	馬場広明	

整理番号 □□□□□□□□　法人用

改正法附則による税額の特例計算

軽 減 売 上 割 合（10営業日）	○	附則38①	51
小 売 等 軽 減 仕 入 割 合	○	附則38②	52

第二表

自 令和 05年10月01日
至 令和 06年03月31日

課税期間分の消費税及び地方消費税の（ 確定 ）申告書

中間申告の場合の対象期間　自 令和 □年□月□日　至 令和 □年□月□日

令和四年四月一日以後終了課税期間分

課 税 標 準 額 ※申告書（第一表）の①欄へ	①	4500000	01

課税資産の譲渡等の対価の額の合計額	3 ％ 適 用 分	②		02
	4 ％ 適 用 分	③		03
	6.3 ％ 適 用 分	④		04
	6.24 ％ 適 用 分	⑤		05
	7.8 ％ 適 用 分	⑥	4500000	06
		⑦	4500000	07
特定課税仕入れに係る支払対価の額の合計額（注1）	6.3 ％ 適 用 分	⑧		11
	7.8 ％ 適 用 分	⑨		12
		⑩		13

消 費 税 額 ※申告書（第一表）の②欄へ	⑪	351000	21

⑪ の 内 訳	3 ％ 適 用 分	⑫		22
	4 ％ 適 用 分	⑬		23
	6.3 ％ 適 用 分	⑭		24
	6.24 ％ 適 用 分	⑮		25
	7.8 ％ 適 用 分	⑯	351000	26

返 還 等 対 価 に 係 る 税 額 ※申告書（第一表）の⑤欄へ	⑰	0	31

⑰の内訳	売 上 げ の 返 還 等 対 価 に 係 る 税 額	⑱	0	32
	特定課税仕入れの返還等対価に係る税額（注1）	⑲		33

地方消費税の課税標準となる消費税額		⑳	70200	41
	4 ％ 適 用 分	㉑		42
	6.3 ％ 適 用 分	㉒		43
	6.24%及び7.8% 適 用 分（注2）	㉓	70200	44

（注1） ⑧～⑩及び⑲欄は、一般課税により申告する場合で、課税売上割合が95％未満、かつ、特定課税仕入れがある事業者のみ記載します。
（注2） ⑳～㉓欄が還付税額となる場合はマイナス「－」を付してください。

175

付表6　税率別消費税額計算表
　　　　〔小規模事業者に係る税額控除に関する経過措置を適用する課税期間用〕

| | 特　別 |

| 課　税　期　間 | 5・10・1 ～ 6・3・31 | 氏 名 又 は 名 称 | (株)馬場ホーム |

Ⅰ　課税標準額に対する消費税額及び控除対象仕入税額の計算の基礎となる消費税額

区　　　　　　　　　分		税　率　6.24　％　適　用　分 A	税　率　7.8　％　適　用　分 B	合　　　　計　　　C (A＋B)
課 税 資 産 の 譲 渡 等 の　対　価　の　額	①	※第二表の⑤欄へ 円	※第二表の⑥欄へ 円 4,500,000	※第二表の⑦欄へ 円 4,500,000
課　税　標　準　額	②	①A欄(千円未満切捨て) 000	①B欄(千円未満切捨て) 4,500 000	※第二表の①欄へ 4,500 000
課 税 標 準 額 に 対 す る 消 費 税 額	③	(②A欄×6.24/100) ※第二表の⑮欄へ	(②B欄×7.8/100) ※第二表の⑯欄へ 351,000	※第二表の⑪欄へ 351,000
貸 倒 回 収 に 係 る 消 費 税 額	④		0	※第一表の③欄へ 0
売 上 対 価 の 返 還 等 に 係 る 消 費 税 額	⑤		0	※第二表の⑰、⑱欄へ 0
控 除 対 象 仕 入 税 額 の 計 算 の 基 礎 と な る 消 費 税 額 (　③　＋　④　－　⑤　)	⑥		351,000	351,000

Ⅱ　控除対象仕入税額とみなされる特別控除税額

項　　　　　　　　　目		税　率　6.24　％　適　用　分 A	税　率　7.8　％　適　用　分 B	合　　　　計　　　C (A＋B)
特 別 控 除 税 額 (　⑥　×　80　％　)	⑦		280,800	※第一表の④欄へ 280,800

Ⅲ　貸倒れに係る税額

項　　　　　　　　　目		税　率　6.24　％　適　用　分 A	税　率　7.8　％　適　用　分 B	合　　　　計　　　C (A＋B)
貸 倒 れ に 係 る 税 額	⑧			※第一表の⑥欄へ

176

第2編 設例による消費税等の確定申告書の書き方〔設例6〕

(参考)

付表1-3　税率別消費税額計算表　兼　地方消費税の課税標準となる消費税額計算表　　一般

区　分	税率6.24％適用分 A	税率7.8％適用分 B	合　計 C (A+B)
課税標準額 ①	円	円 ※第二表の①欄へ	円

地方消費税の課税標準となる消費税額	差引税額 (②+③-⑦)	⑨			※第一表の⑨欄へ 70,200
	控除不足還付税額 (⑧)	⑩			※第一表の⑰欄へ ※マイナス「-」を付して第二表の㉑及び㉓欄へ
	差引税額 (⑨)	⑪			※第一表の⑱欄へ ※第二表の㉒及び㉔欄へ 70,200
譲渡割額	還付額	⑫			(⑩C欄×22/78) ※第一表の⑲欄へ
	納税額	⑬			(⑪C欄×22/78) ※第一表の⑳欄へ 19,800

注意　金額の計算においては、1円未満の端数を切り捨てる。

税理士　馬場文明
<ruby>馬<rt>ば</rt></ruby><ruby>場<rt>ば</rt></ruby><ruby>文<rt>ふみ</rt></ruby><ruby>明<rt>あき</rt></ruby>

（略歴）
大阪国税局課税第二部法人税課審理係長、同実務指導専門官（審理担当）、課税第一部審理課主査（法人税事前相談担当）、国税訟務官（法人訴訟担当）、岸和田税務署副署長、熊本国税局伊集院税務署長、大阪国税局調査第二部調査第18部門統括官、調査第一部調査審理課長等を歴任。平成30年10月に馬場文明税理士事務所を大阪市中央区谷町六丁目10-26山喜ビルに開設

（主な著書）
「消費税の軽減税率と設例による申告書の書き方」令和2年4月刊　清文社
「税理士が判断に迷う　会社税務130例」令和3年8月刊　清文社

消費税インボイス制度と申告書の書き方

2023年7月10日　発行

著　者　　馬場　文明　Ⓒ

発行者　　小泉　定裕

発行所　　株式会社　清文社

東京都文京区小石川1丁目3-25（小石川大国ビル）
〒112-0002　電話03(4332)1375　FAX03(4332)1376
大阪市北区天神橋2丁目北2-6（大和南森町ビル）
〒530-0041　電話06(6135)4050　FAX06(6135)4059
URL https://www.skattsei.co.jp/

印刷：亜細亜印刷㈱

■本書の内容に関するご質問は、FAX（06-6135-4056）又は e-mail（edit-w@skattsei.co.jp）でお願いいたします。
＊本書の追録情報等は、当社ホームページ（https://www.skattsei.co.jp）をご覧ください。
■著作権法により無断複写複製は禁止されています。落丁本・乱丁本はお取り替えします。

ISBN 978-4-433-71593-9